CATALOGUE

DES LIVRES

COMPOSANT LA BIBLIOTHÈQUE

DE FEU M. LE BARON DE NEUBOURG.

A. Pihan de La Forest, imprimeur de la Cour de Cassation,
Rue des Noyers, n° 37.

CATALOGUE

DES LIVRES

COMPOSANT LA BIBLIOTHÈQUE

DE FEU M. LE BARON DE NEUBOURG,

Dont la vente se fera le Lundi 4 Novembre 1839, et jours suivans, à six heures de relevée,

MAISON SILVESTRE,

RUE DES BONS-ENFANTS, N° 30,

Par le ministère de Mᵉ Fournel, commissaire-priseur, place du Châtelet, n° 2.

———

Les Acquéreurs paieront, en sus du prix d'adjudication, 5 cent. par franc applicables aux frais.

———

PARIS,

R. MERLIN, LIBRAIRE, QUAI DES AUGUSTINS, N° 7.

1839.

AVIS.

Il y aura chaque jour de vente, d'une heure à trois heures
exposition des livres qui devront être vendus le soir.

Les livres vendus devront être collationnés sur place dans
les 24 heures de l'adjudication. Passé ce délai, ou une fois
sortis de la salle de vente, ils ne seront repris pour aucune
cause.

Les articles au-dessous de 12 fr. ne seront admis à rapport
que dans le cas où ils seraient incomplets par enlèvement de
feuillets ou fragmens de feuillets atteignant le texte; ils ne seront pas repris pour taches, mouillures, déchirures, piqures,
ou autres défectuosités.

Nota. Le libraire chargé de la vente recevra les commissions
des personnes qui ne pourraient y assister.

———

SOUS PRESSE :

Le catalogue de la riche bibliothèque orientale de feu
M. le baron Silvestre de Sacy, membre de l'Académie, etc.

EN VENTE :

Le catalogue des livres imprimés, des manuscrits et des
ouvrages chinois, tartares, japonais, etc., composant
la bibliothèque de feu M. Klaproth, dont la vente se
fera le 16 mars 1840. — Prix 4 fr.

CATALOGUE
DES LIVRES

THÉOLOGIE.

1. L'Enfer des peuples anciens, ou histoire des dieux infernaux, de leur culte, de leurs temples, de leurs noms, de leurs attributs, etc., par Delandine. *Paris*, 784, in-12, 2 tom. en 1 vol., br.
2. Mémoires sur les oracles des anciens, par Clavier. *Paris*, 818, in-8, br.
3. Essai sur la religion des anciens Grecs, par de Septchènes. *Genève*, 787, in-8, 2 vol., br.
4. Discours sur la nature et les dogmes de la religion gauloise, par de Chiniac de la Bastide. *Paris*, 769, in-12, v. m.
5. Joh. Volkenii de vera religione lib. V; quibus præfixus est Joh. Crellii liber de deo et ejus attributis. *Racoviæ, Sternacius*, 630, in-4, mar. vert., fil., tr. dor. (*Rel anc.*)
6. II. Alex. Roell dissertatio de religione rationali. *Herbornæ-Nassoviorum*, 705, pet. in-8, v. f.—Preuves de la religion de J.-Christ contre les spinosistes et les déistes, par L. F. (Le François). *Paris*, 751, in-12, 4 vol., v. f.
7. Tables sacrées, ou nouvelle méthode pour lire avec fruit toute l'Ecriture-Sainte dans le courant d'une année, en y

employant un quart-d'heure par jour. *Paris*, 761, gr. in-8, cart. — Dissertation préliminaire, ou prolégomènes sur la Bible, par Dupin. *Paris*, 699, in-8, 2 vol., v. br.

8. Biblia sacra, vulg. edit. *Paris.*, *Vitré*, 652, in-12, 8 vol., mar. rou., fil., tr. dor.

9. Biblia sacra, vulg. edit. *Antuerpiæ*, *Plantin.*, 664, in-4, mar. rou., fil., tr. dor. *(Deseuille.)*

10. La Sainte-Bible, édit. stéréot. *Londres*, 811, in-8, mar. citr., fil., tr. dor.

11. Novum Jesu Christi testamentum (evangelia gr., lat., syr. et arab.). *Parisiis, Vitray*, 630, in-fol., v. m.

Tome 5 de la Bible polyglotte de Vitray.

12. Le Nouveau Testament et les actes des apôtres, en lat. et en franç., trad. par de Sacy, avec les fig. de Moreau jeune (avant la lettre). *Paris, Didot*, 793, in-4, pap. vél., 5 vol., br. en cart.

13. Seconde instruction sur les passages particuliers de la version du Nouveau Testament imprimée à Trévoux, en 1702, par Bossuet. *Paris*, 703, in-12, mar. rou., fil., tr. dor.

14. Le Nouv. Testament, en langue turque. In-8, v. vert., fil.

15. Seb. Barradii commentarii in concordiam et historiam quatuor evangelistarum; adjectum est ejusd. autoris itinerarium filiorum Israel ex Egypto in terram repromissionis. *Aug.-Vindel.*, 742, in-fol., 6 vol., br.

15 *bis*. Joa. Lightfooti opera. *Roterod.*, 686, in-fol., 2 vol., v. br.

16. Paraphrase sur les épistres de S. Paul et sur les épistres canoniques, par Ant. Godeau. *Paris, J. Camusat*, 650, in-4, mar. rou., fil., tr. dor. *(Deseuille.)*

17. Florilegium biblicum, complectens omnes utriusque testamenti sententias, hebr. et græcè, cum versione lat., aut. Joa. de Plantevit de la Pause. *Lodovæ*, 645, in-fol., mar. rou., fil., tr. dor.

18. Histoire de la vie de J.-Christ. *Paris, Josset*, 686, in-12, mar. rou., fil., tr. dor. *(Rel. anc.)*

19. Traité de la situation du paradis terrestre, par P. Dan. Huet. *Paris*, 694, in-12, bas.—Recherches sur la nature du feu de l'enfer et du lieu où il est situé, par Swinden, trad. de l'angl. par Bion. *Amst.*, 757, pet. in-8, fig., v. m.

20. Lactantii Firmiani opera. *(Romæ)*, *Per Udalricum Gallum*

Alamanum et Symonem Nicolai de Luca, *anno Dom.* 474, in-fol., mar. vert, fil., tr. dor. *(Derome.)*

> Edit. sans chiffres, réclames ni signat.
> Exemplaire raccommodé dans la marge des prem. pag. et couvert de notes mstes.

21. L. C. Lactantii Firmiani opera, commentariis illustrata, à Tho. Spark. *Oxonii*, 684, in-8, v. gr.

22. S. Athanasii opera omnia, gr. et lat., studio et operâ monach. congreg. S. Mauri. *Parisiis*, 627, in-fol., 3 tom. en 2 vol., v. br., fil.

> La 2ᵉ partie du tom. 1, manque; le tom. 2 est grand pap.

23. S. Hieronymi epistolæ. *Paris.*, 512, pet. in-8, 2 vol., mar. rou., fil., tr. dor. *(Derome.)*

24. Les confessions, les soliloques et le manuel de S. Augustin, trad. par Dubois. *Paris, I. R.*, 758, in-12, 5 vol., br.

25. Les méditations des zélateurs de piété; c'est-à-dire les méditations de S. Augustin, soliloques et manuel d'iceluy; méditations de S. Anselme et de S. Bernard et autres dévotes occupations. *Paris*, 597, pet. in-12, mout. vert, dent. à comp., tr. dor. *(Rel. anc.)*

26. S. Prosperi aquit. opera. *Venetiis*, 744, in-fol., 2 tom. en 1 vol., br.

27. S. Gregorii magni opera omnia, jam olim emendata, aucta et notis illustrata studio et labore monachorum ord. S. Bened., nunc autem à Joa. Bapt. Galliccioli ad codices præsertim marcianos iterum exacta, atque novis accessionibus locupletata. *Venetiis*, 768-76, in-4, 17 vol., br. en cart.

28. Les œuvres de Ste-Thérèse, trad par Arnaud d'Andilly. *Paris*, 696, in-4, v. gr., fil., tr. dor.

29. Hugonis card. opera omnia. *Lugduni*, 669, in-fol., 8 tom. en 5 vol., v. br.

30. Pauli lectura super sententias. *Tubingæ, J. Otmar*, 498, pet. in-fol., goth., dem.-rel.

31. Ben. Schmier S. theologia scholastico-polemico-practica. *Aug.-Vindel.*, 737, in-fol., 3 vol., br.

32. Ans. Schnell opuscula theologica. *Aug.-Vind.*, 744, in-fol., 6 vol., br.

33. Le théologien françois, par de Marande. *Paris*, 641, in-4, 3 vol. en 4 part., vél.

34. De la pénitence publique et de la préparation à la communion, par le P. Denis Petau. *Paris*, 644, in-4, v. f.

> Exemplaire de De Thou.

35. Traité de la communion sous les deux espèces, par Bossuet. *Paris*, 682, in-12, mar. rou., fil., tr. dor.

36. Examen du premier traité de controverse du P. Maimbourg, intitulé : Méthode pacifique... *Cologne, P. Marteau,*
(*Elzev.*), 683, pet. in-12, v. bl., fil., tr. dor.

37. Bréviaire romain, divisé en quatre parties. *Paris, Lottin,*
781, gr. in-8, 4 vol., mar. bl., dent. en or et à fr., tr. dor.

38. Missale. In-fol., rel. en bois.

> Ms. sur vélin du commencement du XIVe siècle, avec miniature,
> lettres ornées, et les chants notés avec les signes qui ont précédé la
> notation actuelle.

39. Benedictionale. In-4, rel. en bois.

> Ms. du XIVe siècle, sur vélin.

40. Pontificale. In-fol., rel. en bois.

> Manuscrit sur vélin.

41. Rituale catalaunense, El. Leonis Leclerc de Juigné aucto-
ritate editum. *Catalauni*, 776, in-4, 2 vol., v. m.

42. Nouvel office pour les chevaliers de l'ordre du St.-Esprit.
Paris, I. R., 768, in-12, v. f., fil., tr. dor.

43. Pugna spiritualis, olim hispanicè à R. P. Joa. Castaniza
editus, ac redditus latinè à R. Jod. Lorichio. *Paris.,* 644,
in-24, mar. rou., fil., tr. dor., dans un étui.

44. Bouquet de Myrrhe, ou considérations sur les playes de J.-
Christ, par le P. Vinc. Caraffa. *Paris,* 653, in-12, mar. rou.,
fil., tr. dor., réglé.

45. Œuvres spirituelles du P. G. F. Berthier. *Paris,* 811,
in-12, 5 vol., v. rac., fil.

46. Traité de l'oraison et de la méditation, trad. de l'espagn.,
du P. L. de Grenade, par Girard. *Paris,* 702, in-8, 2 vol.,
mar. citr., fil., tr. dor. (*Aux armes de Mesdames.*)

47. Traité du sacrifice de J.-Christ (par Plowden). *Paris,* 778,
in-12, 3 vol , v éc., fil., tr. dor.

48. Conférences familières sur les dispositions nécessaires pour
recevoir avec fruit le sacrement de pénitence, par le P. de
La Borde. *Paris,* 717, in-12, v. éc., fil., tr. dor.

49. Los discursos de la paciencia christiana, por fr. Hernando
Çarate. *Valencia, Garriz,* 602, in 4, 2 part en. 1 vol., mar.
rou., fil., tr. dor. (*Rel. anc.*)

50. Practicas del ministerio, que siguen los religiosos del orden de S. Augustin en philippinas, por el P. Thom. Hortiz. *Manila*, 731, pet. in-4, vél.
>Impr. sur papier de soie.

51. Præstantium ac eruditorum virorum epistolæ ecclesiasticæ et theologicæ, quarum longe major pars scripta est à Jac. Arminio, Çonr. Vorstio, Ger. Joa. Vossio, etc. *Amst.*, 714, in-fol., v. br.

52. Herib. Ros-Weydi de fide hæreticis servanda dissertatio. *Antuerpiæ, Plantin.*, 610, pet. in-8, mar. vert., fil., tr. dor. (*Derome*.)

53. L'ezour-Vedam, ou ancien commentaire du Vedam (par de Ste. Croix). *Yverdon*, 788, in-12, 2 tom. en 1 vol., br.

54. Opuscule ou essai tendant à rectifier les préjugés nuisibles et à former des vertueux éclairés. *Londres*, 791, in-12, br. —Etat de l'homme dans le péché originel. 741, pet. in-12, v. éc., fil.

55. Pensées diverses, écrites à l'occasion de la comète de 1680 (par Bayle). *Roterdam*, 699, in-12, 2 vol., mar. rou., fil., tr. dor.

56. Religio medici (aut. Th. Brown). *Lugd.-Bat.*, 650, pet. in-12, mar. rou., fil., tr. dor.

57. B. de S. (Spinosa) opera posthuma. 677, pet. in-4, bas.

58. La science du Christ et de l'homme. 810, in-8, 3 vol., br.

59. Des erreurs et de la vérité, avec la suite (par S. Martin). *Edimbourg*, 782, in-8, 2 vol., br.—L'homme de désir (par le même). *Lyon*, 790, in-8, br.

60. De l'esprit des choses, ou coup-d'œil philosophique sur la nature des êtres et sur l'objet de leur existence (par S. Martin). *Paris*, an VIII, in-8, 2 vol., br.

61. Tableau naturel des rapports qui existent entre Dieu, l'homme et l'univers (par S. Martin). *Edimbourg*, 782, in-8, 2 vol., br.

62. La sagesse angélique sur l'amour divin et sur la sagesse divine, trad. d'Emmanuel Swédenborg, par A. J. P. 786, in-8, 2 vol., br.

63. De l'origine des usages, des abus, des quantités, des mélanges de la raison et de la foi. *Paris*, 790, in-8, 2 vol., br.

64. La thréicie, ou la seule voie des sciences divines et humaines du culte vrai et de la morale. *Paris*, an VII, in-8, br.

65. Manuel des théophilantropes, ou adorateurs de Dieu et

amis des hommes, rédigé par C. (Chemin). *Paris*, 797. ═
Instruction élémentaire sur la morale religieuse, enseignée
dans les temples théophilantropiques établis en France, par
le même. *Ibid.*, 797. ═ Recueil de cantiques, hymnes et
odes pour les fêtes religieuses et morales des théophilantropes (avec la musique). *Ibid.*, 797.═Année religieuse des
théophilantropes (par Chemin). 797, in-18, tom. 1 et 2,
bas. m.

JURISPRUDENCE.

66. Essai d'un traité sur la justice universelle, ou les sources
du droit, par Fr. Bacon, trad. texte en regard, par J. B. de
Vauzelles. *Paris*, 824, in-8, v. rac., fil.

67. L'esprit de la législation, par le baron de Creutz, trad. de
l'allem., par Jungert. *Paris*, 769, in-12, v. m.

68. Dux ad universum jus, auctore J. Mart. Hertogh de Ber-
thout. *Lovanii*, 743, in-fol., br.

69. Leon. Lessii de justitia et jure ceterisque virtutibus cardi-
nalibus, lib. IV. *Lugduni*, 653, in-fol., v. br.

70. De la réforme des loix civiles, par d'Olivier. *Paris*, 786,
in-8, 2 vol., v. m.

71. God. Guil. Leibnitii mantissa codicis juris gentium diplo-
matici. *Hanoveræ*, 700, in-fol.; parch.

72. Le droit des gens, ou principes de la loi naturelle, par
Vattel. *Paris*, 820, in-8, 2 vol., br.

73. Jo. Fr. Finetti de principiis juris naturæ et gentium adversus Hobbesium, Puffendorfium, Thomasium, Wolfium
et alios, lib. XII. *Venetiis*, 777, in-4, 2 vol., br.

74. Constitutions des principaux états de l'Europe et des Etats-
Unis d'Amérique, par de La Croix. *Paris*, 794, in-8, 5 vol.,
v. gr., fil.

75. Traité des lois politiques des Romains du temps de la république, par Pilati de Tassulo. *La Haye*, 780, in-8, 2 vol.,
broch.

76. B. Brissonii de formulis ac solemnibus pop. rom. verbis
lib. VIII. *Francof.*, 592, in-4, mar. rou., fil., tr. dor. (*De-*
scuille.)

77. Justiniani institutionum lib. IV. *Lugd. Bat., Dan. a Gaes-berg, Elzev.*, 678, in-24, gr. pap., mar. bleu, dent., coins en or, tr. dor., doublé de tabis, réglé.

> Bel. exempl. d'un vol. rare sur ce papier. Il provient de la vente Mac-Carthy où il a été vendu 110.

78. Gaii institutionum commentarii IV. *Lipsiæ*, 825, in-8, br.

79. Pandectæ Justinianeæ in novum ordinem digestæ, à Rob. Pothier. *Paris.*, 748, in-fol., 3 vol., v. m.

80. Jos. Ad. Ayblinger commentarius ad digesta. *Aug.-Vind.*, 726, in-4, br.

81. Edm. Merillii in IV libros institutionum commentarii, edente C. H. Trotz. *Trajecti ad Rh.*, 739, in-4, br.

82. Ever. Ottonis ad Justiniani institutiones notæ et commentarius. *Traj. ad Rh.*, 729, pet. in-4, vél.

83. LX librorum Basilicon (gr. et lat.), id est universi juris romani græcam in linguam traducti. ecloga, edita per Joa. Leunclavium; item novellarum liber. *Basileæ*, 575, in-fol., v. br.

84. Jac. Cujacii opera omnia, cum promptuario. *Mutinæ et Venetiis*, 758-95, in-fol., 13 vol., br.

85. Sig. Scacciæ opera juridica. *Coloniæ*, 738, in-fol., 3 vol., broch.

86. Leges salicæ, Sam. Petitus collegit et libro commentario illustravit. *Paris.*, 635, in-fol., parch.

87. Anciennes lois des Français conservées dans les coutumes anglaises, recueillies par Littleton, avec des observations historiques, par Dav. Houard. *Rouen*, 779, in-4, 2 vol., bas.

88. Coutumes générales d'Artois, par Roussel de Bouret. *Paris*, 774, in-12, 2 vol., mar. rou., fil., tr. dor.

89. Le coutumier de Picardie. *Paris*, 726, in-fol., 2 vol., v. m.

90. Coutume d'Anjou, par Barth. Durson. *Château-Gontier*, 733, pet. in-8, mar. rou., dent., tr. dor.

91. Les œuvres de J. Bacquet, augm. par de Ferrière. *Lyon*, 744, in-fol., 2 vol., v. m.

92. Traité de la preuve par témoins, par Danty. *Paris*, 769, in-4, br.

93. Les loix criminelles de France dans leur ordre naturel, par Muyart de Vouglans. *Paris*, 780, in-fol., v. m.

94. Jo. Ern. Floerckii commentatio de crimine conjurationis
spirituum, ejus processu et pœnis... *Ienœ*, **721**. in-4, br.

95. Traité de la police, par Delamare. *Paris*, **705**, in-fol.,
cartes, 4 vol., v. f., fil., tr. dor.

96. The statutes at large, from magna charta to the end of
the eleventh parliament of Great Britain anno **1764**, publ.
by Danby Pickering. *Cambridge*, **762**, gr. in-8, 36 vol.,
dem.-rel. (*Il manq. le* 30me).

97. Questions de littérature légale : Du plagiat, de la suppo-
sition d'auteurs, des supercheries qui ont rapport aux livres,
par Ch. Nodier. *Paris*, *Crapelet*, **828**, gr. in-8, cart.

98. Jus ecclesiasticum universum, aut. Bern. van Espen. *Lo-*
vanii, **700**, 2 vol.=Ejusd. varia opuscula canonica. *Ibid.*,
2 vol.; les 4 vol., in-fol., v. br.

99. Codex canonum vetus ecclesiæ romanæ, à Fr. Pithœo ad
vet. mstos codices restitutus et notis illustratus. *Paris.*,
Typ. Reg., **687**, in-fol., gr. pap., v. m.

100. Collectio bullarum sacro sanctæ Basilicæ Vaticanæ, à S.
Leone magno ad Innocentium VI. *Romæ*, **737**, in-fol.,
3 vol., br.

101. Les loix ecclésiastiques de France, conférées avec les
usages de l'église gallicane, par L. de Héricourt. *Paris*, **748**,
in-fol., v. m.

102. Traité de l'indult du parlement de Paris, par le présid.
Cochet de Saint-Valier. *Paris*, **747**, in-4, 3 vol., v. f., fil.,
tr. dor.

103. Traité de l'autorité des rois touchant l'administration de
l'Eglise, par Levayer de Boutigny. *Londres*, **753**, in-12,
vol., mar. vert, fil., tr. dor.

104. Factum pour J. B. Thiers, contre le chapitre de Chartres.
In-12, mar. vert., fil., tr. dor. (*Anc. rel.*)

105. De antiquis ecclesiæ ritibus libri, studio et operâ
Edm. Martène. *Rotomagi*, **700-02**, in-4, 3 vol., v. br.

106. Commentarius de sacris ecclesiæ ordinationibus, secun.
antiquos et recentiores latinos, Græc., Syros et Babylonic.
aut. Joa. Morino. *Antuerpiæ*, **685**, in-fol., v. br.

107. Idem, edente Jos. Al. Assemanno. *Romæ*, **756**, in-4,
5 vol., br.

SCIENCES ET ARTS.

I. SCIENCES PHILOSOPHIQUES ET MORALES.

108. H. Corn. Agrippæ de incertitudine et vanitate scientiarum declamatio.... *Joa. Graphcus excudebat anno* 1530,
Antuerpiæ, pet. in-4, v. gauff., dent.
> Bel exempl. avec deux notes autographes, l'une de M. Haillet de Cou
> ronne et l'autre de M. Charles Nodier, sur la rareté de ce livre.

109. La philosophie en tables, divisée en cinq parties, à sçavoir : la logique, la science générale, la physique, la morale
et la théologie naturelle, par de Lesclache. *Marseille, Garcin*,
675, in-fol., mar. rou., fil., tr. dor.

110. Encyclopédie, mise en ordre et publiée par Diderot et
d'Alembert. *Lausanne*, 778, pet. in-4, 36 vol., et 3 vol. de
planch., v. m.

111. Confucius sinarum philosophus, sive scientia sinensis
latinè exposita... *Paris.* 687, in-fol., v. br.

112. Les livres classiques de l'empire de la Chine, recueillis
par le P. Noël. *Paris*, 784-86, in-18, 7 vol.; les 4 prem.
vol. mar. rou., fil., tr. dor., les 3 dern., br.

113. Les œuvres de Platon, trad. en franç., avec des remarques (par Dacier). *Amst.*, 700, in-12, 2 vol., br.

114. Platonis dialogi II, Cratylus et Theætetus, gr , edidit J. Fr.
Fischerus. *Lipsiæ*, 770, in-8, dem. v. non rog. —Platonis dialogi IV, Lysis, Charmides, Hippias major, Phædrus, annotatione perpetua illustravit Lud. Frid. Heindorf.
Berolini, 802, in-8, v. gr., fil.

115. M. T. Ciceronis tusculanarum disputationum lib. V,
cum commentario J. Davisii et Rich. Bentleii emendationibus. *Oxonii, è typ. Clarend.*, 805, in-8, pap. vél., mar.
bl., dent., non rog.

116. M. T. Cicero de finibus bonorum et malorum, cum not.
var., ex recens. J. Davisii. *Oxonii*, 809, gr. in-8, mar. bl.,
dent., non rog.

117. Di M. T. Cicerone de gli uffici, della amicitia, della vec-chiezza, le paradosse, tradotte per un nobile vinit. *Venetia*, 528, gr. in-8, v. gr., fil.

118. L. Ann. Senecæ phil. scripta quæ extant. *Paris.*, 598, in-fol., v. br., dent., tr. dor.

119. Les hipotiposes ou institutions pirroniennes de Sextus Empiricus, trad. du grec. 725, in-12, v. m. — Discours de l'empereur Julien contre les chrétiens, trad. par le marq. d'Argens. *Berlin*, 768, in-8, br.

120. Liber de officiis conscriptus (græcè) à Joa. Nic. Alex. Maurocordato, vaivoda (cum vers. lat.). *Lipsiæ, Th. Fritsch*, 722, pet. in-4, v. br.

121. De la recherche de la vérité, par Malebranche. *Paris*, 700, in-12, 3 vol., v. f.

122. Ath. Kircheri ars magna sciendi in XII libros digesta. *Amst.*, 669, in-fol., fig., v. m.

123. Mich. Bern. Valentini armamentarium naturæ systema-ticum, seu introductio ad philosophiam modernorum natu-ralem; accedit historia litteraria S. R. I. academiæ naturæ curiosorum. *Gissæ-Hassorum*, 709, pet. in-4, fig., rel. en peau.

124. Rêveries sur la nature primitive de l'homme, par de Sé-nancourt. *Paris*, an VIII, in-8, br. — Institutions leibni-tiennes, ou précis de la monadologie. *Lyon*, 768, in-8, br.

125. Présence corporelle de l'homme en plusieurs lieux, prouvée possible par les principes de la bonne philosophie, par de Lignac. *Paris*, 764, in-12, v. m.—Théorie des sen-timens agréables (par Lévesque de Pouilly). *Paris*, 774, in-12, fig., br.

126. Recherches philosophiques sur les premiers objets des connaissances morales, par M. de Bonald. *Paris*, 818, in-8, 2 vol., dem.-rel.

127. Philosophie morale, ou mélange raisonné de principes, pensées et réflexions, par S*** (Shaftesbury). *Londres (Paris)*, 751, in-12, v. f., fil., tr. dor.

128. De la sagesse, par P. Charron. *Paris*, 789, in-18, pap. vél., 3 vol., dem. mar. rou., non rog.

129. Recueil de pensées et de maximes. *Paris, Didot a.*, 791, in-18, pap. vél., mar. rou., fil., tr. dor. (*Derome.*)

130. Réflexions ou sentences et maximes morales de La Roche-foucauld, publ. par L. Aimé-Martin. *Paris*, 822, in-8, portr., br.

131. L'ami philosophe et politique... où l'on trouve l'essence, les espèces... et les devoirs de l'amitié. *Nancy*, 776, in-12, v. f., fil. — La jouissance de soi-même, par Caraccioli. *Francfort*, 769, in-12, v. f.

132. De l'éducation, par Mme Campan. *Paris, Baudoin*, 826, in-8, 2 vol., br.—Essai sur les principes élémentaires de l'éducation, par G. Spurzheim. *Paris*, 822, in-8, br.

133. Practical education, by Maria and Rich. Lovell Edgeworth. *London*, 798, in-4, fig., 2 tom. en 1 vol , v. gr., fil.

134. Les véritez royales, ou l'instruction du prince chrétien, par J. J. de Barthès. *Paris, impr. par Moreau*, 645, in-4, mar. rou., dent., tr. dor. (*Rel. anc.*)

135. Rapport sur l'instruction publique en 1791, par de Talleyrand-Périgord. *Paris*, 791, in-8, br.

136. Rapport sur les nouveaux développemens et l'état actuel du sauvage de l'Aveyron, par E. M. Itard. *Paris, I. I.*, 807, pap. vél. = De l'éducation d'un homme sauvage, ou des premiers développemens physiques et moraux du jeune sauvage de l'Aveyron, par le même. *Paris*, 801, in-8, dem. mar. rou.

137. H. Nolthenii disputatio inauguralis de educatione pauperum in civitate. *Amst.*, 825, in-8, pap. vél., cart.

138. Les plans et les statuts des établissemens ordonnés par Catherine II pour l'éducation de la jeunesse, par Betzki, trad. par Clerc. *Amst.*, 775, in-4, fig., 2 tom. en 1 vol., v. f., fil.

139. Joa. Pierii Valeriani, Cœl. Aug. Curionis et Hori Apollinis hieroglyphica. *Lugduni*, 626, in-fol., fig. en bois, v. br.

140. Dictionnaire des emblèmes, par Adam Breysig. *Leipsig*, 830, gr. in-8, fig., br. (*En allem.*)

141. Omnia Andr. Alciati emblemata, cum notis Cl. Minæi. *Paris.*, 589, in-8, fig. en bois, non rel.

142. Oth. Vœnii emblemata horatiana, imaginibus in æs incisis atque latino, germanico, gallico, belgico carmine illustrata. *Amst.*, 684, pet. in-8, fig., v. br.

143. Les emblèmes d'Amour, trad. (en holl.) par Théocrite a Ganda. *Leyde, Jacob Marcussoon*, 616, pet. in-4, fig., mar. rou., fil., tr. dor. (*Rel. anc.*)

144. Symbola divina et humana pontificum, imperatorum et regum, accessit brevis isagoge Jac. Typotii, cum figuris Eg. Sadeler. *Francofurti*, 601, in-fol., v. br.

145. Gust. Seleni (princ. Augusti Brunsvic.) cryptomenytices et cryptographiæ, lib. IX, in quibus steganographiæ Joa. Trithemii enodatio traditur. *Luneburgi*, 624, in-fol., fig., vél.

146. Cours complet de tachygraphie, par P. L. Hue. *Caen*, 811, in-8, planch., br.

II. SCIENCES POLITIQUES ET ÉCONOMICO-POLITIQUES.

147. Heraclidæ pontici de politiis libellus, cum interpretatione latina, edente Nic. Cragio. *P. Santandreanus*, 593, *in*-4, mar. rou., fil., tr. dor.

> Exempl. de De Thou.

148. Enseignemens d'Isocrates et Xenophon....... pour bien régner en paix et en guerre, trad. du grec, par Loys le Roy dit Regius de Costentin. *Paris*, 568.═Les politiques d'Aristote, trad. par le même. *Paris*, 568, in-4, parch.

149. Institutes political and military, written originally in the mogul language, by the great Timour, improperly called Tamerlan, first transl. into Persian by Abu Taulib Alhusseini, and thence into English by maj. Davy, and published with notes, by Jos. White. *Oxford*, 783, in-4, v. m., fil.

150. Instituts... de Timour..., trad. par Langlès. *Paris*, 787, in-8, br.

151. Cyriaci Lentuli Augustus, sive de convertenda in monarchiam republica. *Amst.*, L. Elzev., 645, pet. in-12, v. f., fil.—Aristippe, ou de la cour, par de Balzac. *Leide*, J. Elzev., 658, pet. in-12, vél.

152. Dialoghi de' governi del conte Paolo Brusantini. *Modena*, 611, pet. in-4, mar. vert, tr. dor. (*De Thou*.)

153. Les six livres de la république, de J. Bodin. *Paris*, 578, in-fol., parch.

154. Théorie des gouvernemens, par de Beaujour. *Paris*, 823, in-8, 2 vol., br.

155. Politicon, ou choix des meilleurs discours sur tous les sujets de politique traités dans la première assemblée nationale de France. *Paris*, 792, in-8, 6 vol., br.

156. Essai sur le gouvernement civil, selon les principes de

Fénélon (par Ramsay). *Londres*, 722, in-12, v. f., fil.—
Discours sur l'art de négocier (par Pecquet). *Paris*, 737, pet.
in-8, v. rac., fil.

157. Testament politique du card. Jules Albéroni, recueilli de
divers mémoires, par A. M., trad. de l'ital. par le comte de
R. B. M. (composé par Durey de Morsan, revu et publié par
Maubert de Gouvest). *Suiv. la copie de Lausanne*, 753, in-12,
mar. citr., fil., tr. dor. (*Aux armes de Mesdames.*)

158. Cours de style diplomatique, rédigé par Meisel. *Dresde*,
823, in-8, 2 vol., dem.-rel., v.

159. La mesnagerie de Xénophon; Les règles de mariage de
Plutarque; Lettre de consolation de Plutarque à sa femme,
le tout trad. du grec en franç., par Estienne de la Boétie.
Paris, Fr. Morel, 572, pet. in-8, v. f., tr. dor. (*Thouvenin.*)

160. Economie politique, ou principes de la science des richesses, par J. Droz. *Paris*, 829, in-8, fig., br.

161. Essai sur la valeur intrinsèque des fonds, par Massabiau.
Paris, Knapen, 764, in-12, mar. rou., dent., tr. dor.

162. Le caissier italien, par J. M. Benaven. (*Lyon*), 787, in-
fol., fig., 2 vol., cart.

163. Traité des monnaies musulmanes, trad. de l'arabe de
Makrisi, par Silvestre de Sacy. *Paris*, an v. == Traité des
poids et mesures légales des Musulmans, trad. de Makrisi,
par le même. *Paris*, an vii, in-8, cart.

164. Elémens du commerce. *Paris, Briasson*, 766, in-12, 2
vol., v. f., dent. à fr. (*Thouvenin jeune.*)

165. Essai sur les intérêts du commerce maritime (par d'Hé-
guerty). *La Haye*, 754, in-12, mar. rou., fil., tr. dor.

166. Dialogue sur le commerce des bleds (par l'abbé Galiani).
Londres, 770, in-8, v. m.—Réfutation.... (par l'abbé Morellet). *Londres*, 770, in-8, v. m.

167. Manuel du commerce des Indes Orientales et de la
Chine, par P. Blancard. *Paris*, 806, pet. in-fol., dem. mar.
rou.

168. Canal maritime de la Seine, tarifs et produits du canal
et des ports, bassins, magasins, etc., de Paris, Rouen et autres villes. *Paris*, 826, in-fol., dem. mar. rou., non
rogné.

III. **SCIENCES NATURELLES.**

169. Dictionnaire des sciences naturelles. *Paris*, *Levrault*, 804-06, in-8, tom. 1 à 5, br.

170. Le théâtre de la nature universelle, de J. Bodin, trad. du lat. par Franç. de Fougerolles. *Lyon*, 597, in-8, v. br.

171. Principes naturels, ou notions générales et particulières de l'immensité, de l'espace, de l'univers, etc., applicables à toutes les branches de physique et de morale, spécialement à la médecine, par Cl. Fr. Le Joyand. *Paris*, an II, in-8, 4 vol., mar. rou., fil., tr. dor.

172. Principes de la philosophie naturelle (par Lasalle). *Paris*, 787, in-8, 2 tom. en 1 vol., dem. mar. rou.

173. Traité élémentaire de physique, par A. Libes. *Paris*, 801, in-8, fig., 3 vol., br.

174. Traité élém. de physique, par Haüy. *Paris*, 806, in-8, fig., 2 vol., dem. mar. vert.

175. Le même. *Paris*, 821, dem. v.

176. Recherches sur les modifications de l'atmosphère, contenant l'histoire critique du baromètre, du thermomètre, etc., par J. A. de Luc. *Paris*, 784, in-8, fig., 4 vol., bas.

177. De rore disquisitio physica Joa. Nardii. *Florentiæ, typis amatoris Massæ, et Laur. de Landis*, 642, in-4, v. f., fil.

178. Traitez de l'équilibre des liqueurs et de la pesanteur de la masse de l'air, par Pascal. *Paris*, 698, in-12, fig., v. f.

179. Cours de chimie, par M. Mitouart, suivant les principes de M. Macker, et d'histoire naturelle chez M. Valmont de Bomare, rédigés par le vic. de Montboissier. *Paris*, 769, in-fol., mar. rou., fil., tr. dor. (*Derome.*)
   Manuscrit.

180. Traité de la distillation, par Déjean. *Paris*, 753, in-12, mar. vert., fil., tr. dor.

181. L'art de la teinture du coton en rouge, par Chaptal. *Paris*, 807, in-8, fig., v. rac., dent., tr. dor.

182. De atramentis cujuscunque generis, auct. P. M. Canepario. *Londini*, 660, in-4, v. br.

183. Correspondance de M*** (Mesmer) sur les nouvelles découvertes du baquet octogone, de l'homme-baquet et du ba-

quet moral (recueillie et publ. par MM. de Fortia, Jourgniac S. Méard et Boisgelin). *Libourne*, 785, in-18, mar. rou., fil., tr. dor.

184. Exposés des cures opérées par le magnétisme, par S. *Paris, Dentu*, 826, in-8, 2 vol., br.

185. Considérations sur les corps organisés, par C. Bonnet. *Amst.*, 768, in 8, 2 vol., v. éc.

186. Cl. Æliani opera quæ extant omnia, gr. et lat. *Tiguri, Gesneri fratres* (556 , in-fol., v. f.

187. Historia naturale di C. Plinio secondo di lingua latina in fiorentina tradotta, per Christ. Landino. *Venetia, M. Sessa*, 516, in-fol., fig. en bois, parch.

Une partie du titre est déchirée.

188. Cl. Salmasii plinianæ exercitationes in C. J. Solini poly-histora ; item C. J. Solini polyhistor, ex veteribus libris emendatus *Paris.*, 629, in-fol, 2 vol., v. br.

189. Elements of natural history, by John Stark. *Edinburgh*, 828, in-8, fig., 2 vol., cart.

190. Histoire naturelle de Buffon, publiée par Sonnini. *Paris, Dufart*, an viii et suiv., in-8, fig., tom. 1 à 64, br. en cart.

Ces 64 vol. comprennent les œuvres de Buffon sans les suites.

191. Histoire naturelle de Buffon, classée d'après le système de Linné, par R. Castel. *Paris*, an vii et suiv., in-18, fig., 26 vol., dem.-rel.

192. Nic. Jos. Jacquin miscellanea austriaca ad botanicam chemiam et historiam naturalem spectantia. *Vindobonæ*, 778-81, in-4, fig. color., 2 vol., cart.

193. Museum Wormianum seu historia rerum rariorum quæ Hafniæ in ædibus authoris servantur, adornata ab Olao Worm. *Lugd.-Bat.*, Joa. Elzev., 655, in-fol., fig., v, br.

194. Rariora musei Besleriani quæ olim Basilius et Mich. Rupertus Besleri collegerunt, nunc commentariolo illustra-ta à Joa. Henr. Lochnero. 716, pet. in-fol., fig., dem.-rel.

195. Collection de 12 cahiers de plantes étrangères, en fleurs, fruits, corail, coquillages (et animaux), dessinées par J. Charton. *Paris, l'auteur*, 784, in-fol., fig. col. (Cah. 1 à 9).

196. Mémoires pour l'histoire naturelle de la province du Languedoc. *Paris*, 740, in-4, fig., br.

197. Historia naturale di Ferrante Imperato (pubbl. da J. M. Ferro . *Venetia*, 672, in-fol., fig., v. br.

198. Mercure Indien, ou trésor des Indes (par de Rosnel).

Paris, 667, pet. in-8, 2 part. en 1 vol., mar. rou., fil.
tr. dor.

199. Saggio sulla storia naturale del Chili di Gio. Ign. Molina. *Bologna*, 810, in-4, br.

200. Recherches sur les ossemens fossiles, par le baron Cuvier *Paris, Dufour et d'Ocagne*, 824, in-4, 3 vol. (tom. 4, tom. 5 en 2 part.), fig., br. en carton.

201. Recherches sur les volcans éteints du Vivarais et du Vélay, par Faujas de S. Fond. *Paris*, 778, in-fol., fig., cart.

202. De' monti colonnari e d'altri fenomeni vulcanici dell stato veneto memoria di Giov. Strange. *Milano*, 778, in-4 fig., br. en cart.

203. Collection d'échantillons minéralogiques du Hartz élec torat de Hanovre), présentés à Mme Léopold Berthier, pa M. Héron de Villefosse, membre de l'Institut, mis en ordr et catalogués de sa main, renfermés dans trois boîtes simu lant 3 vol. in-8, intitulés sur le dos : Voyage de Mme Berthier. Le tout dans un étui.

Collection précieuse.

204. Description des catacombes de Paris, avec un précis historique sur les catacombes de tous les peuples, par M. Héricart de Thury. *Paris*, 815, in-8, fig., br.

205. Dissertationes de admirandis mundi cataractis, ubi et de æstu maris refluo, nec non de terrestri paradiso agitur, auct. Joa. Herbinio. *Amst.*, 678, in-4, fig., dem.-rel.

206. Bibliotheca botanica, à J. F. Seguierio. *Hagæ-Comit.*, 740, in-4, v. m. — Alb. van Haller bibliotheca botanica. *Tiguri*, 771, in-4, 2 vol., br.

207. Essai d'une iconographie élémentaire et philosophique des végétaux...., par Turpin. *Paris, Panckoucke*, 820, in-8, fig., br.

208. Letters on the botany, by J. J. Rousseau, with notes by Th. Martyn. *London*, 802, in-8, v. rac., fil.

209. Démonstrations élémentaires de botanique (par Rozier). *Lyon*, 766, in-8, tiré sur pap. de Holl., in-4, fig., 2 vol., v. m.

210. Dictionnaire élémentaire de botanique, par Bulliard. *Paris*, 783, in-fol., fig. color., cart.

Incomplet de la planche 3.

211. Dictionnaire de botanique, par Philibert. *Paris*, 801, in-8, fig., 3 vol., br.

212. Thirty-eight plates with explanations intended to illustrate Linnæus's system of vegetables, by Th. Martyn. *London*, 799, in-8, fig. col., v. rac., fil.

213. Analyses florum è diversis plantarum generibus, auct. A. J. G. C. Batsch; vol. 1, fascic. I et II. *Halæ-Magdeb.*, *Gebauerus*, 790, in-4, fig. color., dem.-rel.

214. Histoire des conferves d'eau douce, suivie de l'histoire des tremelles et des ulves d'eau douce, par J. P. Vaucher. *Genève*, an XI, in-4, fig., br.

215. Plantarum seu stirpium historia Matthiæ de Lobel. *Antuerpiæ*, 576, in-fol., fig., parch.

216. Car. Clusii rariorum plantarum historia. *Antuerpiæ*, 601, in-fol., fig., bas.

217. Le grand herbier, translaté de latin en françois, auquel sont contenues les qualitéz, vertus et propriétéz des herbes, arbres, gommes, etc, extraict de Avicenne, Rasis, Constantin, Isaac et Plataire. *Imp. à Paris pour Mich. Le Noir*, in-fol., goth., fig. en bois.

     Le titre manque.

218. Fabii Columnæ lyncei phytobasanos; cui accessit vita Fabii et Lynceorum notitia adnotationesque in phytobasanon, Jano Planco auctore. *Florentiæ*, 745, in-4, fig., dem.-rel., non rog.

219. L'Héritier de Brutelle stirpes novæ aut minus cognitæ, descriptionibus illustratæ. *Paris.*, 784, gr. in-fol., fig., br.

220. Plantæ rariores vivis coloribus depictæ a Nic. Meerburg. *Lugd.-Bat.*, 789, in-fol., fig. color., br.

221. Histoire philosophique, littéraire, économique des plantes de l'Europe, par Poiret. *Paris, Ladrange*, 825, in-8, fig., br. (*Texte, tomes 1 à 4, planches, livr. 1 à 8.*)

222. Traité des arbres et arbustes que l'on cultive en France, par Duhamel; nouvelle édit. avec des figures d'après les dessins de Redouté. *Paris*, 804, in-fol., tom. 1 à 6, cart. et en livr.

     Il manque la 11ᵉ livraison du tome 4 et la 12ᵉ du tome 6.

223. Marci Mappi historia plantarum alsaticarum posthuma, operâ et studio Joh. Chr. Ehrmanni. *Argentorati*, 742, in-4, br. — Scriptores de plantis Hispanicis, Lusitanicis, Brasiliensibus, adornavit et recudi curavit J. J. Rœmer. *Norimbergæ*, 796, in-8, br.

N.   3

224. **A** botanical arrangement of british plants, including the uses of each species, by Will. Withering. *Birmingham*, 788, in-8, fig., 2 vol., cart.

225. L'Héritier de Brutelle sertum anglicum, seu plantæ rariores quæ in hortis juxta Londinum, imprimis in horto regio Kewensi excoluntur. *Paris.*, 788, gr. in-fol., fig. (34), br.

226. Casp. Commelin horti medici Amstelædamensis plantæ rariores et exoticæ. *Lugd.-Batav.*, 706, in-4, fig., br. — Index alter plantarum quæ in horto academico Lugduno-Batavo aluntur, conscriptus ab Herm. Boerhaave. *Lugd.-Bat.*, 727, in-4, fig., 2 tom. en 1 vol., dem.-rel.

227. Floræ fribergensis specimen, plantas cryptogamicas præsertim subterraneas exhibens, edidit Fr. Alex. ab Humboldt. *Berolini*, 793, in-4, fig., cart.

228. Flora lipsiensis, descripta à Joa. Christ. Gott. Baumgarten. *Lipsiæ*, 790, in-8, fig., br. — Flora Fridrichsdalina. *Argentorati*, 767, in-8, fig., dem.-rel. — Flora Noribergensis..., operà et labore Joa. Georg. Volckameri. *Noribergæ*, 700, in-4, fig., bas.

229. Henr. Godefridi, comitis de Mattuschka, enumeratio stirpium in Silesia sponte crescentium. *Vratislaviæ*, 779, in-8, br. — Joa. Ant. Scopoli flora carniolica. *Viennæ*, 760, in-8, v. —Enumeratio plantarum floræ danicæ, auctore G. Chr. OEder. *Hafniæ*, 770, in-8, bas.

230. Flora ingrica. ex schedis St. Krascheninnikow confecta, auct. David de Gorter. *Petropoli*, 761, in-8, br. — Flora rossica, edidit P. S. Pallas. *Francof.*, 790, in-8, 2 vol., br. — Nova plantarum americanarum genera, auth. Car. Plumier. *Paris.*, 703, in-4, fig., br.

231. Stapeliarum in hortis vindobonensibus cultarum descriptiones, figuris coloratis illustratæ, auct. N. J. L. B. Jacquin. *Vindobonæ*, 806, in-fol., br.

232. Plantes équinoxiales de MM. Alex. de Humboldt et Bonpland. *Paris, Levrault*, 805, in-fol., fig., livrais. 1 à 8. (*Tome 1er.*)

233. Nic. Jos. Jacquin selectarum stirpium americanarum historia. *Vindobonæ*, 763, in-fol., fig., cart.

234. Histoire des plantes de la Guyane française, par Fusée Aublet. *Londres*, 775, in-4, fig., 4 vol., br.

235. De l'agriculture des anciens, par Dickson, trad. de l'angl. *Paris*, 802, in-8, 2 vol., br.

236. Prædium rusticum, in quo cujusvis soli vel culti vel inculti plantarum vocabula ac descriptiones, earumque conferendarum atque excolendarum instrumenta suo ordine describuntur. *Lutetiæ, Car. Stephanus*, 554, in-8, v. ant., dent. à fr., fil., tr. dor. *(Thouvenin.)*

237. Secrets de la vraye agriculture et honestes plaisirs qu'on reçoit en la ménagerie des champs, trad. de l'ital. d'Aug. Gallot, par Fr. de Belleforest. *Paris*, 572, in-4, vél.

238. Cours d'agriculture anglaise, par Pictet. *Genève*, 809, in-8, 10 vol., br.

239. Agriculture pratique des différentes parties de l'Angleterre, par Marshal. *Paris, Gide*, 803, in-8, 5 vol., et atlas in-4, br.

240. A new system of agriculture, being a complete body of husbandry and gardening, by J. Laurence. *London*, 726, in-fol., fig., dem.-rel.

241. L'art de cultiver les pays de montagnes et les climats froids, ou essai sur le commerce et l'agriculture particuliers aux pays de montagnes d'Auvergne (par Desistrières). *Paris*, 774, in-12, v. f., fil., tr. dor. *(Tom. 1ᵉʳ, le seul qui ait paru.)*

242. Essai sur l'art des jardins modernes, par Hor. Walpole, trad. en franç. par le duc de Nivernois. *Imprimé à Strawberry-Hill, par T. Kirgate*, 785, in-4, dem. cuir de Russie, non rog.

243. Observations sur la culture des arbres fruitiers. *Paris*, 718, in-12, mar. rou., dent., tr. dor. (*Rel. anc.*)

244. Dictionnaire œconomique, par Chomel, revu par Delamarre. *Paris*, 767, in-fol., fig., 3 vol., bas.

245. Traité de la conservation des grains et en particulier du froment, par Duhamel du Monceau. *Paris*, 753, in-12, fig., mar. rou., fil., tr. dor. (*Rel. anc.*)

246. Œuvres complètes de P. Poivre. *Paris*, 797, in-8, br.

247. Mémoire sur les maladies épidémiques des bestiaux, par Barberet. *Paris*, 766, in-8, mar. citr., fil., tr. dor. (*Rel. anc., aux armes.*)

248. Specimen zoologiæ geographicæ, quadrupedum domicilia et migrationes sistens, dedit, tabulamque mundi zoographicam adjunxit Eb. Aug. Guil. Zimmermann. *Lugd.-Bat.*, 777, in-4, dem. mar. rou., non rog.

249. Conr. Gesneri historia animalium (pisces et serpentes). *Tiguri*, 558, in-fol., fig., 2 vol., vél.

250. Icones animalium quæ in historiæ animalium Conr. Gesneri libris describuntur, cum nomenclaturis singulorum latinis, græcis, gallicis, italicis, etc. *Tiguri*, 560, in-fol., fig., 2 tom. en 1 vol., v. br.

251. Mémoires pour servir à l'histoire naturelle des animaux, dressez par M. Perrault. *Paris, I. R.*, 676, in-fol. atlantique, fig., v. m., fil.

    Incomplet de la plus grande partie des planches.

252. Collection des mammifères du Muséum d'histoire naturelle, dessinés d'après nature, par Huet fils, gravés par J. B. Huet, son frère. *Paris, Bance, s. d.*, in-4, livr. 1 à 9.

253. G. Casp. Kirchmajeri de basilisco unicornu, phœnice, behemoth, leviathan, dracone, araneo, tarantula et ave paradisi, dissertationes aliquot. *Wittebergæ*, 669, in-12, v. f., fil.

254. Description anatomique d'un éléphant mâle, par P. Camper, publiée par son fils, avec vingt planches. *Paris, Jansen*, 802, gr. in-fol., br. en cart.

255. Joa. Caii de canibus britannicis liber I, de rariorum animalium et stirpium historia liber I, etc. *Londini*, 729, in-8, v. m.

256. Histoire naturelle des quadrupèdes ovipares et des serpens, par le comte Lacépède. *Paris*, 788, in-12, fig., 4 vol., bas.

257. Manuel d'ornithologie, par C. J. Temminck. *Paris*, 820, in-8, 2 vol., br.

258. Histoire naturelle des oiseaux, par Buffon. *Paris, I. R.*, in-12, fig., 18 vol., br.

259. Observations sur le vol des oiseaux de proie, par Huber. *Genève*, 784, in-4, fig., br.

260. Th. Moufeti insectorum sive minimorum animalium theatrum. *Londini*, 634, pet. in-fol., fig., v. f.

261. Faune parisienne, ou histoire abrégée des insectes des environs de Paris, par Walckenaer. *Paris, Dentu*, 802, in-8, 2 vol., dem.-rel.

262. Gul. Rondeletii libri de piscibus marinis, in quibus veræ piscium effigies expressæ sunt. *Lugd.*, 554, in-fol., parch.

263. L'histoire entière des poissons, trad. du lat. de Guill. Rondelet. *Lyon*, 558, in-4, fig., 2 tom en 1 vol., v. br.

264. Histoire des poissons (lat. et franç.), par Ant. Goüan. *Strasbourg*, 770, in-4, fig., br.

265. Histoire naturelle des poissons, par Lacépède. *Paris, Bossange*, 821, in-12, fig., 11 vol., br. — Histoire des cétacées, par le même. *Paris, Plassan*, an xii, in-12, 2 vol., br.

266. La fauconnerie de Charles d'Arcussia de Capre, seign. d'Esparron, avec les portraits au naturel de tous les oyseaux. *Rouen*, 643, in-4, bas.

IV. SCIENCES MÉDICALES.

267. Hippocratis opera, gr. et lat., cum annott. An. Foesii. *Genevæ, Chouët*, 657, in-fol., 2 vol., vél.

268. Oribasii anatomica ex libris Galeni, cum versione latina J. B. Rasarii, curante Gul. Dundass. *Lugd.-Bat.*, 735, in-4, br.

269. Œuvres de P. Camper. *Paris, Jansen*, 803, in-8, 3 vol., et atlas in-fol., br.

270. Idée de l'homme physique et moral, pour servir d'introduction à un traité de médecine (par de la Caze). *Paris*, an vii, in-12, pap. vél., dem. mar. rou., non rog.

271. P. Petiti de lacrymis lib. III. *Paris., Cramoisy*, 661, pet. in-8, mar. vert, fil., tr. dor. (*Rel. anc.*)

272. Essai sur l'histonomie ou physiologie morale, par J. M. Plane. *Paris*, 803, in-8, fig., 2 vol., br.

273. Dissertation physique de Pierre Campe sur les différences réelles que présentent les traits du visage chez les hommes de différents pays et de différents âges..., publ. par A. G. Campe, et trad. du hollandais par Quatremère d'Isjonval. *Utrecht*, 791, in-4, fig., br.

274. Médecine universelle prouvée par le raisonnement, démontrée par l'expérience. *Carpentras, Quénin*, 764, in-12, 4 vol., mar. rou., fil., tr. dor.

275. Erreurs populaires sur la médecine, par d'Iharce. *Paris*, 783, in-12, v. éc., fil., tr. dor.

276. Considérations sur les causes et l'origine de la peste, par Papon. *Paris*, an viii, in-8, 2 vol., br.

276 *bis*. Un lot de pièces angl. et françaises sur les maladies

épidémiques des pays chauds, et particulièrement sur la fièvre jaune qui a régné à Philadelphie de 1793 à 1798, par B. Rush, J. Deveze, M. Carey, W. Currie, J. Cathrall, P. Ouvière, Th. Condie, etc.

277. De la maladie d'amour, ou mélancholie érotique, discours curieux qui enseigne à cognoistre l'essence, les causes, les signes et les remèdes de ce mal fantastique, par Jacq. Ferrand. *Paris*, 623, in-8, v. gr., fil.

278. Recherches médico-philosophiques sur la mélancolie, par Maurice Roubaud-Luce. *Paris*, 817, in-12, v. porph., fil., tr. dor.

279. La nymphomanie, ou traité de la fièvre utérine, par de Bienville.*Amst.*,778,in-12, bas.—Essai sur les combustions humaines produites par un long abus des liqueurs spiritueuses, par Lair. *Paris*, 800, in-12, br.

280. Henricus Kornmannus, de virginitate, virginum statu et jure; de lineâ amoris, sive commentarius ad versic.; *visus, colloquium, convictus, oscula, factum :* de tribus annulis, *Norimbergæ, Ziegerus*, 706, pet. in-12, v. br.

281. De l'homme et de la femme considérés physiquement dans l'état du mariage, par de L..... (de Lignac). *Lille*, 772, in-12, fig., 2 vol., v. m.

282. Eunuchi, nati, facti, mystici, ex sacra et humanæ literatura illustrati (auth. Theoph. Reynaudo). *Divione*, 655, in-4, parch.

283. Traité des eunuques, par M*** D*** (Ancillon). (*A la Sphère*). *L'an* 707, in-12, vél., non rog.

284. Les commentaires de P. André Matthiolus sur les six livres de P. Dioscoride, trad. du lat., par Ant. du Pinet. *Lyon*, 642. in-fol., v., br.

285. Le royal sirop de pomme, antidote des passions mélancholiques, par Gab. Droyn. *Paris*, 615, pet. in-8, dem. mar. rou.

286. Pet. And. Canonherii de admirandis vini virtutibus libri III. *Antuerpiæ, H. Verdussius*, 627, pet. in-8, mar. vert, fil., tr. dor.

287. Analyse des eaux minérales de S. Vincent et de Courmayeur, dans le duché d'Aoste, par Gioanetti. *Turin*, 779, in-8, mar. rou., dor. à comp., tr. dor.

288. Hier. Mercurialis de arte gymnastica lib. VI. *Venetiis*, 601, in-4, fig., parch.

289. L'art de nager, par Thévenot. *Paris*, 696, pet. in-12, fig., v. m.
290. Joa. Alex. Brambilla instrumentarium chirurgicum militare austriacum. 782, in-fol., fig., cart.

V. SCIENCES MATHÉMATIQUES.—SCIENCES OCCULTES.

291. Introduction à la philosophie des mathématiques, et technie de l'algorithmie, par Hoëné de Wronsky. *Paris*, 811, in-4, br.
    Notes manuscrites.
292. Archimedis opera, gr. et lat. *Basileæ, J. Hervagius*, 544, pet. in-fol., mar. bl., fil., tr. dor.
    Très-bel exemplaire, d'une reliure ancienne.
293. Composition mathématique de Cl. Ptolémée, ou astronomie ancienne, trad. du grec, par l'abbé Halma. *Paris*, 816, gr. in-4, 2 vol., dem. mar. rou., non rog.
294. Essai sur l'application de l'analyse à la probabilité des décisions rendues à la pluralité des voix, par Condorcet. *Paris, I. R.*, 785, in-4, br.
295. A new system of the mathematicks, by Jon. Moore. *London*, 681. = The doctrine of the sphere grounded on the motion of the earth. *London*, 680, in-4, fig., v. br.
296. Eléments de géométrie de M. le duc de Bourgogne. *Paris*, 705, in-4, mout. roug., fil., tr. dor.
297. Tables des sinus, tangentes et sécantes selon le raid de 100000 parties, par Alb. Girard. *La Haye, Jac. Elzevir*, 629, pet. in-12, v. gauf., dent., tr. dor.
298. Base du système métrique décimal, par Méchain et Delambre. *Paris*, 806, in-4, fig., tom. 1 et 2, dem.-rel.
299. Signorum cœlestium vera configuratio aut asterismus, aut. Guil. Postello. *Paris.*, 553, in-4, fig., v. f., fil., tr. dor.
300. Astronomie physique, par de Gamaches. *Paris, Jombert*, 740, in-4, fig., v. f., dent., tr. dor.
301. Rosa ursina, sive sol ex admirando facularum et macula-

rum suarum phænomeno varius, libris IV mobilis ostensus
à Christ. Scheiner. *Bracciani*, 626, in-fol., fig., mar. rou.,
fil., tr. dor.

302. Hypothèses et époques des planètes de C. Ptolémée, et
hypotyposes de Proclus Diadochus, trad. du grec par Halma.
Paris, Merlin, 820, in-4, fig., br.

303. Joa. Bayeri uranometria. *Ulmæ*, 661, in-fol., fig., dem.-
rel.

304. Almanach astronomique et historique de la ville de
Lyon et des provinces de Lyonnois, Forez et Beaujolois pour
1785. *Lyon*, 785, in-8, mar. vert, dent., tr. dor.

305. Vocabulaire des termes de marine anglais et français, par
Ch. Lescallier. *Paris*, an VI, in-4, fig., 3 vol., mar. bl.. fil.,
tr. dor.

306. Commentaires sur les mémoires de Montécuculli, par
Turpin de Crissé. *Paris*, 769, in-4, fig., 3 vol., bas., fil.

307. Le maistre d'arme, ou l'abrégé de l'exercice de l'épée,
démontrée par Martin. *Strasbourg*, 737, in-12, fig., mar.
rou., dent., tr. dor.

308. Julii Obsequentis quæ supersunt ex libro de prodigiis,
cum animadv. J. Schefferi et supplementis Conr. Lycosthe-
nis. *Lugd.-Bat.*, 720, in-8, v. f., fil.

309. Icon philosophiæ occultæ, auct. mag. Cl. Germain.
Paris., 672, pet. in-8, v. br. — Traité des talismans, ou
figures astrales. *Paris*, 658. = La poudre de sympathie
justifiée. *Paris*, 658, pet. in-12, parch.

310. Traité histor. et dogmatique sur les apparitions, les
visions et les révélations particulières, par Lenglet Dufresnoy. *Paris*, 751, in-12, 2 vol., v. m.

311. Histoire admirable de la possession et conversion d'une
pénitente séduite par un magicien au pays de Provence, par
le P. Séb. Michaëlis. *Paris*, 613. = Discours des esprits en
tant qu'il est de besoin, pour entendre et résoudre la matière
difficile des sorciers, par le même. *Paris*, 612, in-8, parch.

312. Curiositez inouyes, hoc est : Curiositates inauditæ de
figuris Persarum talismanicis, horoscopo patriarcharum, et
characteribus cœlestibus Jac. Gaffarelli, cum notis Gr. Mi-
chaelis. *Hamburgi*, 678, in-12, fig., v. br. — Gregorii Mi-
chaelis notæ in Jac. Gaffarelli curiositates. *Hamburgi*, 676,
in-12, v. br.

313. Histoire des imaginations extravagantes de M. Oufle (par
Bordelon). *Paris*, 710, in-12, 2 vol., v. f.

314. Discours sur les principes de la chiromance, par de la Chambre. *Paris*, 653, pet. in-4, v. br., fil.

315. Commentarius de præcipuis generibus divinationum, aut. Casp. Peucero. *Witebergæ*, 560, pet. in-8, vél.

316. Manuel astronomique, ou introduction aux jugemens astrologiques, par P. Godard. *Rouen*, 678, in-4, v. m., fil.

317. Microscopium physiognomiæ medicum, id est tractatus de physiognomia, aut. Joa. Frid. Helvetio. *Amst.*, 676, pet. in-8, fig., v. m.

318. Recueil des prophéties et révélations tant anc. que modernes. *Troyes*, 611, pet. in-8, v. br.

319. La vie et le testament de Michel Nostradamus. *Paris*, 789, in-12, br. — La concordance des prophéties de Nostradamus avec l'histoire, par Guynaud. *Paris*, 693, in-12, v. br. — Prophéties perpétuelles très-curieuses et très-certaines de Th. Jos. Moult, trad de l'ital. *Paris*, 774, in-12, br. — La véritable prophétie du vénérable Holzhauser, avec l'explication, par V..... *Paris*, 815, in-12, br.

320 Prophéties perpétuelles depuis 1521 jusqu'à la fin du monde, trouvées dans le cabinet de M. de Louvois après sa mort et expérimentées par l'académie des sciences. In-8, parch. (*Manuscrit.*)

321. Prophéties perpétuelles depuis 1521 jusqu'à la fin du monde. *Versailles*, 807, in-12, br.

Impression du ms. précédent.

322. Le zodiaque mystérieux, ou les oracles d'Etteilla *Amst.*, 820, in-8, br. — Dictionnaire synonymique du livre de Thot. *Paris, Etteilla*, 791, in-8, br. — Cours théorique et pratique du livre de Thot (par Etteila.) 790, in-8, br.

323. Cartomancie, ou l'art de tirer les cartes. = Loto des Indiens, ou combinaison scientifique sur la loterie roy. de France....., extraits des récréations algébriques d'Etteilla. 2 feuilles gravées.

324. De Decremps : La magie blanche dévoilée. 784, in-8, fig., dem.-rel.— Supplément... 785, in-8, fig., br. —Testament de Jérome Sharp. 786, in-8, fig., dem.-rel. — Les petites aventures de Jérome Sharp. 789, in-8, fig., br.

VI. BEAUX-ARTS.—ARTS ET MÉTIERS, ETC.

325. Histoire universelle traitée relativement aux arts de peindre et de sculpter, par D'André Bardon. *Paris*, 769, in-12, 3 vol., br. — Réflexions critiques sur la poésie et la peinture, par Dubos. *Paris*, 733, in-12, 3 vol., v. br.

326. Histoire de l'art chez les anciens, par Winkelmann. *Paris*, an II, in-4, fig., 3 vol., dem.-rel.

327. L'art du dessin chez les Grecs, ou méthode élémentaire de dessin considérée dans ses rapports d'utilité générale pour les sciences et pour les arts, par le chev. de Brunel de Varennes. *Paris*, 816, in-8, cart.

328. Musée des antiques, dessiné et gravé par L. Bouillon (avec des notices par S. Victor). *Paris, l'auteur*, 811-27, gr. in-fol., fig., livrais. 1 à 40 (sur 47.)

329. Les images ou tableaux de platte peinture des deux Philostrate, et les statues de Callistrate, mises en franç. par Bl. de Vigenère. *Paris*, 630, in-fol., fig., v. br.

330. Di Matt. Zaccolini : De' colori, 2 vol.; Prospettiva lineale, 1 vol.; Della descrittione dell'ombre' prodotte' da corpi opachi rettilinei, 1 vol.; les 4 vol. pet. in-fol., vél.
> Manuscrit.

331. La perspective curieuse, par le P. J. Fr. Niceron. *Paris*, 638, in-fol., fig., parch.

332. Les vrais principes du dessin, suivis du caractère des passions, par Séb. Leclerc. *Paris, s. d.*, in-8 obl., fig., dem.-rel.

333. Discours de P. Camper sur les moyens de représenter d'une manière sûre les passions qui se manifestent sur le visage..., trad. du holland. par Quatremère d'Isjonval. *Utrecht*, 792, in-4, fig., br.

334. Etablissement de l'Académie roy. de peinture et de sculpture. *Paris*, 723, in-4, mar. rou., fil., tr. dor. *(Derome.)*

335. Le dessinateur pour les fabriques d'étoffes d'or, d'argent et de soie, par Joubert de l'Hiberderie. *Paris*, 765, in-8, fig., mar. rou., fil., tr. dor. — Traité de la peinture au pastel. *Paris*, 788, in-12, br.

336. Annuaire de l'école française de peinture, ou lettres sur

le salon de 1819, par M. de Kératry. *Paris*, 820, in-12,
fig., v. ant., fil.

337. Dictionnaire des peintres espagnols, par Fr. Quilliet. *Paris*, 816, in-8, br.

338. Catalogue des estampes gravées d'après Rubens, auquel
on a joint l'œuvre de Jordaens et celle de Visscher..., par
R. Hecquet. *Paris*, 751, in-12, v. br. *(Mouillé.)*

339. Catalogue raisonné de l'œuvre de Séb. Leclerc, par Jombert. *Paris*, 774, in-8, 2 vol., br. — Essai d'un catalogue
de l'œuvre d'Etienne de La Belle, par Ch. Ant. Jombert.
Paris, 772, in-8, br.

340. Catalogue de l'œuvre de Cochin fils, par Jombert. *Paris*,
770, in-8, monté in-4, br.

341. Catalogue... des dessins et estampes du cabinet de P. Fr.
Basan, par Regnault. *Paris*, an VI, in-8, dem.-rel. — Catalogue des tableaux et dessins... du cabinet de M. Randon de
Boisset, par P. Remy. *Paris*, 777, in-12, dem.-rel.

342. Catalogue rais. des objets d'arts du cabinet de feu M. de
Silvestre, par Regnault-Delalande. *Paris*, 810, in-8, br.

343. Dessins des édifices, meubles, habits, machines et ustensiles des Chinois, gravés sur les originaux, par Chambers.
Londres, 757, gr. in-fol., fig., dem. v.

344. Description des fêtes données par la ville de Paris, à l'occasion du mariage de Louise-Elisabeth de France et de dom
Philippe, infant d'Espagne. *Paris*, 740, in-fol. atlantique,
fig., v. m.

345. Cérémonies et fêtes du couronnement de Napoléon. *Paris, Bance*, 806, in-fol. max., fig., br.

346. Vues et paysages des régions équinoxiales, recueillis
dans un voyage autour du monde par Louis Choris. *Paris,
J. Renouard*, 826, in-fol., fig. col. (24), cart.

347. Collection de XX estampes (avant la lettre) représentant
des sujets de la Messiade, poëme de Klopstock, grav. par
John d'après les dessins de Füger pour la traduction hollandaise du poëme, par J. de Meerman; on y a joint une
description tirée des passages de la Messiade qui ont fourni
les sujets des gravures. *Paris, Treutell*, 813, in-fol., cart.

348. Figures (32) pour les œuvres de Molière. *(Eaux fortes.)*

349. 38 pièces de Gravelot pour les œuvres de Voltaire.

350. Collection de cent gravures (tirées sur pap. de Chine)
pour Gil Blas, dessinées et gravées par nos meilleurs artistes. *Paris, Delongchamps*, 830, 10 livr.

351. Figures (10 pour les œuvres de Crébillon, d'après Moreau j^e, tirées sur pap. de Chine avant la lettre.

352. Un lot de gravures, dont : Bethzabée au bain, grav. par Benoist. == Les petits Savoyards, par Melini. == Corps-de-garde hollandais, par Maleuvre, etc.

353. Recueil de gravures en bois, dont : Portraits des peintres célèbres. == Le pegme de P. Coustau, avec les narrations philosophiques, mis en franç. par Lanteaume de Romieu. *Lyon*, 560. == Les hiéroglyphes égyptiens, par Horus Apollon, et autres grav. tirées de divers ouvrages, le tout collé sur pap. blanc gr. in-fol.

354. Un lot de portraits, dont : Cujas, gravé par Rousselat. 658. == S. Charles Borromée, gravé par Morin. == J. Ch. Parent, par Edelinck. == Cl. Saumaise, par Suyderhoef. 641, etc.

355. 31 portraits d'après S. Aubin, gravés par Cochin. — 6 portraits d'après S. Aubin, gravés par Ingouf.

356. Portraits des hommes illustres du XVIIe siècle, dessinés d'après nature et gravés par Edelinck, Lubin et van Schuppen. *Paris*, 804, in-fol., livr. 1, 2, 3, 4, 5, 7, 8, 9.

357. Un lot de petites estampes. Sujets divers. — Cris de Paris. Cahiers 1, 2, 3, 11 et 12.

358. Costumes et annales des grands théâtres de Paris, en figures au lavis et coloriées, par de Charnois. *Paris*, 789, in-4, br. (n°s 19 à 48.)

359. Un carton contenant un grand nombre de dessins anciens sur papier teinté.

360. Introduction à l'étude des pierres gravées, par A. L. Millin. *Paris*, 797, in-8, br.

361. Traité des pierres gravées, par Mariette. *Paris, l'auteur,* 750, pet. in-fol., fig., 2 vol., v. f., fil., tr. dor.

362. Dissertation sur l'origine et les progrès de l'art de graver en bois, par Fournier le j^e. *Paris*, 757, pet. in-8, v. ant., fil., tr. dor.

363. Essai sur l'origine de la gravure en bois et en taille douce, et sur la connaissance des estampes des XVe et XVIe siècles (par Jansen). *Paris*, 808, in-8, fig., 2 vol., br.

364. Notices sur les graveurs qui nous ont laissé des estampes marquées de monogrammes (par l'abbé Baverel et Malpez). *Besançon*, 807, in-8, 2 vol., Brad.

365. M. Vitruvii Pollionis architectura, textu ex recensione codicum emendato cum exercitationibus notisque novissimis Joa. Poleni et commentariis variorum additis nunc primum studiis Simonis Stratico. *Utini, fratres Mattiuzzi,* 825, in-4, fig., 4 vol. en 8 part., br.

366. Songe de Poliphile, trad. de l'ital. par Legrand. *Paris, P. Didot,* an XIII, in-12, pap. vél., 2 vol., br.

367. Grands prix d'architecture, de 1779 à 1788, gravés par Prieur. In-fol., dem.-rel.

368. Divers ornements d'architecture recueillis et dességnés après l'antique, par Stella ; livre premier. *Paris,* 658, in-4.

369. Discours sur les monumens publics de tous les âges et de tous les peuples connus, par l'abbé de Lubersac. *Paris, I. R.,* 775, in-fol., fig., v. éc., fil., tr. dor.

370. Temples anciens et modernes, par May. *Londres,* 774, gr. in-8, fig., br.

371. De l'architecture égyptienne, considérée dans son origine, ses principes et son goût, et comparée sous les mêmes rapports à l'architecture grecque, par M. Quatremère de Quincy. *Paris,* an XI, in-4, br.

372. Monumens érigés en France à la gloire de Louis XV, par Patte. *Paris,* 765, in-fol., fig., dem.-rel

373. Recueil des fondations et établissements faits par le roi de Pologne, à Nancy. *Lunéville,* 762, in-fol., fig., cart.

374. Plan, coupe, élévation et détails du nouveau marché S. Germain ; J. B. Blondel, architecte, A. L. Lusson, inspecteur. *Paris, l'auteur,* 816, gr. in-fol., fig., br.

375. Bicêtre. Projet d'atelier pour la prison, dressé dans le cours des années 1812 à 1818, par Baltard. In-fol., dem. mar. rou.

Collection de 10 dessins originaux.

376. Marché des Blancs-Manteaux, par P.-J. Delespine. *Paris,* 827, gr. in-fol., fig., dem. mar. bl., non rog.

377. Les mausolées français, ou recueil des tombeaux les plus remarquables élevés dans les nouveaux cimetières de Paris, dessinés par de Jolimont. *Paris,* 821, in-4, livr. 1 à 10.

378. Vues des barrières de Paris, en médaillons, dessinées et gravées par Gaitte (n°ˢ 5 à 14.)

379. Un lot de plans de villes fortifiées.

380. Edifices de Rome moderne, dessinés et publiés par P.

Letarouillis, archit. *Paris*, 825, in-fol., livrais. 1, 2, 3, 4
6 et 7.

381. Parallèle de plans des plus belles salles de spectacles d'Italie, avec des détails de machines théâtrales, mis au jour par le Sr Dumont. *Paris, s. d.*, in-fol., fig., br.

382. Description et représentation exacte de la maison de glace construite à S.-Pétersbourg au mois de janvier 1740, et de tous les meubles qui s'y trouvaient; avec quelques remarques sur le froid en général, trad. de l'allem. de G. Wolffg. Krafft, par L. Leroy. *S.-Pétersbourg*, 741, in-4, fig., br.

383. Traité sur l'art de la charpente, théorique et pratique, publ. par Krafft, rédigé par Lomet, texte français, allem. et anglais. *Paris, l'auteur*, 819, in-fol., fig., dem.-rel.

384. Histoire de la musique et de ses effets (par Bonnet). *Amst.*, 725, in-12, 4 tom. en 2 vol., v. br.

384 *bis*. Mémoires ou essais sur la musique, par Grétry. *Paris*, an v, in-8, pap. vél., 3 vol., cart.

385. Effets de l'air sur le corps humain considérés dans le son, ou discours sur la nature du chant. *Paris*, 760, in-12, v. f., fil.

386. Principes de composition des écoles d'Italie, par Alex. Choron. *Paris*, 808, gr. in-4, 3 vol., br.

387. Dictionn. des musiciens, par Choron et Fayolle. *Paris*, 811, in-8, 2 vol., br.

388. La science pratique de l'imprimerie (par Fertel). *St-Omer*, 723, in-4, fig., v. br.

389. Traité élémentaire de l'imprimerie, par Momoro. *Paris*, 786, in-8, fig., mar. vert, fil., tr. dor.

390. Essai d'une nouvelle typographie, par Luce. *Paris*, 771, in-4, fig., v. m.

391. Nouveau système typographique, ou moyen de diminuer le travail et les frais de composition, de correction et de distribution, découvert en 1774 par Mad. de *** (par Barletti de S. Paul). *Paris, I. R.*, 776, in-4, v. j., fil.

302. Description d'une nouvelle presse d'imprimerie, par Pierres. *Paris*, 786, in-4, fig., br. — Description d'une nouvelle presse exécutée pour le service du roi. *Paris, I. R.*, 783, in-4, fig., v. m.

393. Description de ce qui a été pratiqué pour fondre en bronze, d'un seul jet, la figure équestre de Louis XIV; franç. et lat, par Boffrand. *Paris*, 743, in-fol., fig., cart.

394. L'art de la porcelaine, par le comte de Milly. 774, in-fol., fig., v. m., fil., tr. dor.

395. Dictionn. des jeux. *Paris*, 792, in-4, fig., br. en cart.

396. Nobilissimus ludus Pythagoreus (qui Rythmomachia nominatur), per Cl. Buxerium illustratus. *Lutetiæ, G. Cavellat*, 556, pet. in-8, parch. vert.

397. Nouvel essai sur le jeu des échecs, avec des réflexions militaires relatives à ce jeu, par E. Stein. *La Haye*, 789, in-8, br.

398. L'égide de Pallas, ou théorie et pratique du jeu de dames. *Paris*, 727, in-8, dem.-rel.

399. Trattato del Giuoco della Palla di messer Ant. Scaino da Salo. *Vinegia*, 555, pet. in-8, fig., v. f.

BELLES-LETTRES.

I. INTRODUCTION.—LINGUISTIQUE.

400. Traité des études, par Rollin. *Paris*, 765, in-12, 4 vol., v. m. — De linguarum artificio et doctrina (aut. Pluche). *Paris*, 751, in-12, v. m.—La mécanique des langues, par Pluche. *Paris*, 751, in-12, v. m.

401. Mirtisbi Saperdonii de vera Atticorum pronunciatione ad Græcos intra urbem dissertatio... *Romæ*, 750, in-4, parch. vert.

402. Orthophonie grecque, par Minoïde-Mynas. *Paris*, 824, in-8, br.

403. Thesaurus græcæ linguæ ab Henr. Stephano constructus. 572, in-fol., gr. pap., 3 vol., v. br.

404. Henr. Stephani glossaria duo, e situ vetustatis eruta ad utriusque linguæ cognitionem et locupletationem perutilia. 573, in-fol., v. br.

405. Thesaurus græcæ linguæ in epitomen redactus studio G. Robertson. *Cantabrigiæ*, 676, in-4, v. br.

406. Lexicon herodoteum, instruxit Joh. Schweighæuser. *Argentorati*, 826, in-8, 2 vol., br.

407. Apollonii sophistæ lexicon græcum Iliadis et Odysseæ, recensuit et illustr. Herm. Tollius. *Lugd.-Bat.*, 788, in-8, v. porph., fil.

408. Ciceronianum lexicon græco-latinum, id est, lexicon ex
variis græcorum scriptorum locis a Cicerone interpretati
collectum ab Henr. Stephano; loci græcorum authorum
cum Ciceronis interpretationib. *Ex off. H. Steph.*, 557. =
In Ciceronis plurimos locos castigationes H. Stephani. 557
in-8, mar. rou., fil., tr. dor.

409. Auctores latinæ linguæ in unum redacti corpus, cum
notis Dion. Gothofredi. *Genevæ*, 622, in-4, vél. cord.

410. Commentariorum linguæ latinæ tomi duo, auct. Steph
Doleto. *Lugd.*, *Gryphius*, 536, in-fol., 2 vol., v. gr.

411. Cours de langue française et de langue latine, par P. A
Lemare. *Paris*, 819, in-8, 3 vol., dem.-rel.

412. Examen critique des dictionnaires de la langue fra
çaise, par Ch. Nodier. *Paris*, 828, in-8, br.

413. Discours préliminaire du nouv. dictionnaire de la la
gue française, par de Rivarol. *Paris*, an v. = Discours s
l'universalité de la lang. franç., par le même. *Paris*, an
in-4, br.

414. Dictionnaire général et curieux, contenant les princ
paux mots les plus usités de la langue françoise, leurs d
finitions, divisions et étymologies, par César de Rochefor
Lyon, 684, in-fol., v. br.

415. Dictionnaire universel de la langue françoise, par Fur
retière, revu par Basnage. *La Haye*, 701, in-fol., 3 vo
v. f.

415. L'apothéose du dictionnaire de l'Académie et son expu
sion de la région céleste. *La Haye*, 696, in-12, v. br.

416. Dictionnaire de l'Académie française, 5ᵉ édit. *Par
Smits*, an vii, in-fol., gr. pap. vél., 2 vol., cuir de Russi
fil. en or et comp. à fr., tr. dor.

417. Remarques morales, philosophiques et grammatical
sur le dictionnaire de l'académie française. *Paris*, *Renouar
807, in-8, br.

418. Nouveau dictionnaire pour servir à l'intelligence d
termes mis en vogue par la révolution, par M. B*** (l'ab
Bué). *Paris*, 821, in-8, br. — Du fanatisme dans la lang
révolutionnaire, par J. F. Laharpe. *Paris*, 797, in-8,

419. Dictionn. françois de la langue oratoire et poétique, p
Planche. *Paris*, 819, in-8, 3 vol., cuir de Russie.

420. Elémens de la langue des celtes géomérites ou breto
par Le Brigant. *Strasbourg*, 779, in-12, br.

421. Joh. Georgii Scherzii glossarium germanicum medii ævi,
edidit Jer. Jac. Oberlinus. *Argent.*, 781, in-fol., 2 vol., br.

II. **PHILOLOGIE**.

422. Lexicon philologicum, auct. Matt. Martinio. *Bremæ*, 623,
in-fol., v. br.

423. Athenæi deipnosophistarum lib. XV, græcè. *Basileæ*,
Valderus, 535, in-fol., v. éc., fil., tr. dor. *(Interfolié.)*

424. Joa. Jensii lectiones lucianeæ, accedit super aliquot Diodori Siculi locis epistola. *Hagæ-Com.*, 699, in-8, mar. rou.,
fil., tr. dor.

425. Anecdota græca, è præstantissimis italicar. Bibliothecarum codicibus descripsit Joa. Ph. Siebenkees, edidit Joa. Ad.
Goez. *Norimbergæ*, 798, in-8, br.

426. Anecdota, quæ ex ambrosianæ bibliothecæ codicibus
nunc primum eruit Lud. Ant. Muratorius. *Mediolani*, 697,
in-4, 2 tom. en 1 vol., v. f.

427. Lud. Cælii Rhodigini lectiones antiquæ. *Basileæ*, *Frobe-
nius*, 518, in-fol., rel. en bois.

428. Jani Rutgersii variarum lectionum lib. VI. *Lugd.-Bat.*,
Elzev., 618, in-4, v. br.

429. Amœnitates litterariæ, quibus variæ observationes,
scripta, item quædam anecdota et rariora opuscula exhibentur (per J. G. Schelhorn). *Francof.*, 725, in-12, 14 vol.,
vél.

430. Censura celebriorum authorum, collegit Th. Pope-
Blount. *Genevæ*, 710, in-4, br.

431. Jugemens des savans sur les principaux ouvrages des
auteurs, par Adr. Baillet, revus par de la Monnoye. *Paris*,
722, in-4, 8 vol., v. br.

432. Les mêmes, plus les jugemens des savans sur les auteurs
qui ont traité de la rhétorique, par Gibert. *Amst.*, 725,
in-12, 8 tom. en 17 vol., br.

433. Lettre critique de F. J. Bast sur Antoninus Liberalis,
Parthenius et Aristénète. *Paris*, 805, in-8, v. éc., fil., tr
dor.

434. Mélanges de critique et de philologie, par Chardon de
la Rochette. *Paris*, 812, in-8, 3 vol., br.

N.   3

435. Cours de littérature, par Laharpe. *Paris, Verdière,* 817,
  in-8, 5 vol., dem.-rel.

436. Lycée français, ou mélanges de littérature et de critique,
  par une société de gens de lettres. *Paris,* 819, in-8, 5 vol.,
  en 50 livraisons.

437. Correspondance littéraire, philosophique et critique de
  Grimm et Diderot. *Paris,* 812, in-8, 13 vol., br.

438. Histoire poétique de la guerre nouvellement déclarée
  entre les anciens et les modernes (par de Caillières). *Paris,*
  688, in-12, mar. rou., fil., tr. dor.

III. RHÉTORIQUE. — ORATEURS ÉPISTOLAIRES.

439. Bibliotheca rhetorum, aut. Lejay. (Tom. II, poetica).
  Paris, 725, in-4, v. m.

440. M. T. Ciceronis academica, cum not. var., recensuit
  Joa. Davisius. *Cantabrigiæ,* 736, in-8, mar. bl., dent.,
  non rog.

441. Ciceronis rhetoricarum lib. IV, et de inventione lib. II,
  cum not. varior., curante P. Burmanno. *Lugd.-Bat.,* 761,
  in-8, vél.

442. Institution de l'orateur, trad. de Quintilien, par Gédoyn.
  Paris, 810, in-8, 6 vol., br.

443. Panegyrici veteres latini, recensuit, ac notis Scharzii et
  aliorum illustravit Wolf. Jæger. *Norimb.,* 778, in-8, 2 vol.,
  dem.-rel.

444. Dionis Chrysostomi orationes LXXX, gr. *Venetiis, Fr.
  Turrisanus (circa* 1551*),* pet. in-8, v. f.

445. Lycurgi reliquiæ, edider. Joa. G. Baiterus et H. Sauppius.
  Turici, 834, in-8, br.

446. T. Ciceronis orationes, interpr. et notis illustr. Car. de
  Mérouville, ad us. Delph. *Paris.,* 684, in-4, 3 vol., mar.
  vert, fil., tr. dor.

447. Ciceronis et Porcii Latronis in Catilinam orationes. *Paris.,*
  Renouard, 796, in-18, dem. mar rou., non rog.

448. Q. Asconii commentationes in aliquot Ciceronis orationes. *Lugd.-Bat.,* 644, pet. in-12, v. f., fil.

449. Collection complette des travaux de Mirabeau l'ainé à

l'assemblée nationale, publ. par Et. Méjan. *Paris,* 791, in-8, 5 vol., br.

450. Dernières homélies académiques (par Lamothe Levayer). *Paris,* 666, in-12, mar. rou., fil., tr. dor. — Oraisons funèbres de Fléchier. *Paris,* 680, in-12, v. f.

451. Oraisons funèbres de Fléchier. *Paris, Lefèvre,* 826, in-8, gr. pap. vél., dem. v., non rog.

452. Makamat, ou séances de Hariri, publ. en arabe par M. Caussin de Perceval. In-4, br.

453. Epistolarum græcarum collectio. *Venetiis, Aldus,* 499, in-4, 2 part. en 1 vol., dem. mar. rou.

> Ces deux parties sont très bien conservées et sont conformes à la description qu'en donne M. Brunet.

454. M. T. Ciceronis epistolarum omnium libri, ad optimos codices et edit. J. Vict. Leclerc recensuit Lemaire. *Paris.,* 827, in-8, 3 vol., br.

455. M. T. Ciceronis ad familiares epistolæ, interp. et notis illustr. Phil. Quartier, in us. Delphini. *Paris.,* 685, in-4, v. br.

456. In epistolas Ciceronis ad Atticum Pauli Manutii commentarius. *Venetiis, Aldi filii,* 567, in-8, mar. rou., dent., tr. dor.

> Bel exemplaire.

457. Lettres de Cicéron à Atticus (trad. par l'abbé de S. Réal). *Paris,* 701, in-12, 2 tom. en 1 vol., mar. rou., fil., tr. dor. — Les épistres de Senèque, trad. par Fr. de Malherbe. *Paris, de Sommaville,* 639, in-12, mar. rou., fil., tr. dor.

458. Lettres du roy Louis XII et du cardinal George d'Amboise. *Bruselle, Foppens,* 712, pet. in-8, portr., 4 vol., mar. rou., fil., tr. dor.

IV. **FABLES, CONTES ET NOUVELLES.** —

ROMANS.

459. Les fables d'Esope, avec celles de Philelphe, trad. par de Bellegarde. *Amst.,* 709, pet. in-8, fig., v. br.

460. Entretiens sur les contes de fées et sur quelques autres ouvrages du temps, par Jac. Colombat. *Paris,* 699, in-12, v. br.

461. La bibliothèque bleue. *Paris*, 776, gr. in-8, 2 vol.,
v. m.

462. Le cabinet des fées. *Amst.*, 785, in-12, fig., 41 vol., br.

463. Contes merveilleux. *Paris*, 815, in-12, 4 vol., bas. —
Les contes des génies, par Morel. *Amst.*, 766, in-12, fig.,
3 vol., bas.

464. Les mille et un jours, contes persans, trad. par Pétis de
la Croix. *Paris*, 766, in-12, 5 vol., br. — Les mille et un
quarts d'heure, contes tartares (par Gueulette). *Paris*, 753,
in-12, 3 vol., br.

465. Les mille et une faveurs (par le chev. de Mouhy). *Londres*, 783, in-12, 5 vol., br.—Les mille et une soirées (par
Gueulette). *Lille*, *s. d.*, in-18, 4 vol., br.

466. Brochure nouvelle (par Montdorge). 746, in-8, v. br.
— Le sopha (par Crébillon fils). *Pekin (Paris)*, 774, in-12,
br. — Les veillées de Thessalie, par Mlle de Lussan. *Paris*,
782, in-12, 2 vol., br.

467. Les cent nouvelles nouvelles (par Louis XI). *Cologne*, 803,
in-12, fig., 2 vol., br.

468. Il decameron di Giov. Boccacci. *In Venezia*, 585, pet.
in-4, parch.

469. Lo stesso. *Londra*, 789, in-8, 4 vol., v. gr., fil.

470. Lo stesso. *Londra*, 815-16, in-18, 5 vol., br.

471. Le décameron de J. Bocace, trad. par Ant. le Maçon.
Lyon, J. Lefèvre, 597, in-16, vél.

472. Novelas exemplares de Miguel de Cervantes. *En Barcelona*, 722, in-4, parch.

473. Las mismas. *En Pamplona, J. de Oteyza*, 622, pet. in-8,
v. f., dent. à fr., fil.

474. Contes moraux, par Marmontel. *Paris*, 803, in-8, br.,
3 vol. — Nouveaux contes moraux, par Marmontel. *Paris*,
804, in-12, 4 vol., br.

475. Les nuits de Paris, ou le spectateur nocturne, par Rétif de
la Bretonne. *Londres*, 788, in-12, fig., 7 vol., dem.-rel.—
La semaine nocturne, sept nuits de Paris, par le même. *Paris*,
790, in-12, fig., dem.-rel.

476. Les Françoises, par le même. *Neufchâtel*, 787, in-12,
fig., br. — Les Parisiennes, par le même. *Ibid.*, 787, in-12,
fig., 4 vol., br.

477. Heliodori æthiopicorum lib. X, gr. et lat., emendati
Hier. Commellini operâ. 596, pet. in-8, v.

478. La luciade, ou l'âne de Lucius de Patras (trad. par Courrier), texte en regard. *Paris*, 818, in-12, pap. vél., br.

479. Eustathii de Ismeniæ et Ismenes amoribus libellus, gr. et lat., curavit Lud. Henr. Teucherus. *Lipsiæ*, 792, in-8, dem. mar. rou.

480. Les métamorphoses, ou l'âne d'or d'Apulée, et le démon de Socrate, trad. en franç. (par l'abbé Compain de S. Martin). *Paris, Brunet*, 707, in-12, fig., 2 vol., v. br.

481. Faramond, ou l'histoire de France (par de la Calprenède). *Paris*, 661-70, pet. in-8, 12 vol., v. m.

482. Cassandre (par de la Calprenède). *Paris*, 648, pet. in-8, 5 tom. en 10 vol., vél.

483. Almahide, ou l'esclave reine, par de Scudéry. *Paris*, 660, in-8, 8 vol., v. f.

484. Tarsis et Zélie (par Levayer de Boutigny). *Paris*, 774, in-8, fig., 3 vol., br.

485. Aventuras de Gil-Blas de Santillana. *Madrid*, 807, in-12, 4 vol., br.

486. Les confessions du comte de *** (par Duclos). *Paris, Nyon*, 783, gr. in-8, fig., mar. rou., fil., tr. dor.

487. Le huron, ou l'ingénu (par Voltaire). *Lausanne*, 767, pet. in-8, mar. rou., fil., tr. dor.

488. Aventures de Télémaque, par Fénélon. *Paris, Didot a.*, 784, in-8, pap. vél., 2 vol., cart.

489. Les mêmes, avec les fig. de Tilliard. *De l'impr. de Monsieur*, 785, in-4, pap. vél., 2 vol., mar. vert, dent à fr., tr. dor.

490. Les mêmes, avec fig. dessinées par Cochin et Moreau j^e. *Paris, impr. de Monsieur*, 790, gr. in-8, pap. vél, 2 vol., dem. mar., non rog. *(Simier.)*

> On a ajouté à cet exempl. une suite de fig. de Cochin et de Marillier avant la lettre, et les fig. de Monet.

491. Il tempio di Gnido, tradotto dal francese. *In Londra, s. d.*, pet. in-8, mar. vert, fil., tr. dor. *(Aux armes de mesdames.)*

492. Séthos (par Terrasson). *Paris*, 731, in-12, 3 vol., v. m.

493. Atala, par M. de Chateaubriant. *Paris, Migneret*, 801, in-18, fig., mar. rou., dent., tr. dor.

494. Les aventures de Jacq. Sadeur dans la découverte et le voyage de la Terre australe. *Paris, P. Ribou*, 705, in-12, v. br., tr. dor. — Histoire des Sévarambes, peuples qui ha-

bitent la Terre australe (par D. Vairasse). *Amst.*, 716, in-12,
2 vol., bas.

495. Turlubleu, histoire grecque (par Voisenon). *Amst.*, 745,
in-12, v. br.

496. Les conquestes amoureuses du grand Alcandre dans les
Pays-Bas. *Cologne*, *P. Bernard*, 684, pet. in-12, dem. v.

497. Histoire des amours du roy et de Madame, ensemble de
ses amours avec Mlle de la Vallière, aussi de ses amours avec
Mlle Manchiny; histoire des amours de Madame et du comte
de Guiche; les amours du marq. de Vardes et de la comt.
de Soissons et leurs portraicts. Pet. in-8, v. br.

> Ms. d'une écriture du XVIIe siècle.

498. Amours des dames illustres de France sous le règne de
Louis XIV (par Bussy Rabutin). *Cologne*, *P. Marteau, s. d.*,
pet. in-12, fig., 2 vol., dem. mar. bl., non rog. *(Quelques
raccommodages.)*

499. La princesse de Montpensier, par Mme de La Fayette.
Paris, *A. A. Renouard*, 804, in-18, pap. vél., v. gr., fil.,
tr. dor.

500. Mémoires secrets pour servir à l'histoire de Perse. *Amst.*,
749, pet. in-12, mar. vert, tr. dor.

501. Don Quichotte de la Manche, trad. de l'esp. de Mich. de
Cervantes, par Florian. *Paris*, an vii, in-18, pap. vél., fig.
avant la lettre, 6 vol., cart.

502. Il romanziere inglese, ossia scelta di componimenti pate-
tici tratti da quella lingua. *Milano*, *Stella*, 815, in-8, pap.
vél., mar. vert d'eau, dent. à fr., tr. dor.

503. Romans de Kr. Heinr. Spiess. *Leipsik*, 775, in-12, fig.,
27 vol., v. rac., fil.. tr. dor. *(En allem.)*

504. Aristippe et ses contemporains, par Wiéland, trad. par
H. Coiffier. *Paris*, 802, in-8, 5 vol., br. — Les abdérites,
suivis de la salamandre et la statue, par Wiéland, trad. par
A. G. Labaume. *Paris*, 802, in-8, 3 vol., br. — Alcibiade
enfant, jeune homme, homme fait, vieillard (trad. de Meis-
ner). *Paris*, 789, in-8, 4 tom. en 2 vol., dem.-rel.

V. SATIRES. — FACÉTIES.

505. Euphormionis Lusinini sive Jo. Barclaii satyricon; ac-

(39)

cessit conspiratio anglicana. *Lugd.-Bat., Hackius*, 674, in-8,
vél.

506. Les coudées franches, ouvrage satyrique et curieux sur
plusieurs matières (par Bordelon). *Paris*, 723, in-12, 2 part.
en 1 vol., v. f., fil. — Cymbalum mundi, ou dialogues saty-
riques sur différens sujets, par Bonav. Des Périers. *Amst.*,
753, in-12, fig., v. éc., fil.

507. Fragment de Xénophon nouvellement trouvé dans les
ruines de Palmyre par un Anglais (comp. par G. Bri-
zard). *Paris, Pierres*, 783, in-18, v. f., dent. à fr., tr.
dor. *(Thouvenin.)*

508. Mentor à Tyrinthe, narration instructive, critique et
morale..., fragment inédit d'un ancien ouvrage grec, trad.
par l'effendi Cohé-Cekuk (Paul Panckouke). *Réimprimé à
Smyrne (Versailles) par les soins de M. John Strafford*, 802,
in-8, 2 tom. en 1 vol., peau de truie, fil., tr. dor.

509. Dictionnaire comique, satyrique, critique, etc., par Le-
roux. *Pampelune*, 786, in-8, 2 vol., dem.-rel.

510. Studiosus jovialis, seu auxilia ad jocosè et honestè dis-
currendum, aut. Odil. Schreger. *Pedeponti*, 755, in-8, cart.

511. Les œuvres de M⁰ Fr. Rabelais, contenans la vie, faits et
dicts héroiques de Gargantua et de son fils Pantagruel, avec
la prognostication pantagruéline. 556, in-16, mar. vert,
fil., tr. dor.

512. Œuvres de Rabelais, edit. variorum. *Paris, Dalibon*,
823, in-8, gr. pap. vél., 9 vol., br. (avec 6 livr. de figures
des songes drôlatiques.)

513. Mémoires de l'académie des sciences, inscriptions, belles-
lettres, etc., nouvellem. établie à Troyes en Champagne (par
Grosley). *Paris*, 756, in-12, 2 part. en 1 vol., mar. citr.,
fil., tr. dor. *(Rel. anc.)*

> On a ajouté deux lettres relatives à cet ouvrage; l'abbé Goujet as-
> sure qu'il n'a été tiré que six exemplaires de la dernière.

514. Admiranda rerum admirabilium encomia. *Noviomagi
Batav.*, 676. = Hier. Cardani Neronis encomium. *Amst.*,
640, pet. in-12, fig., vél.

515. Eloge de la folie, trad. du lat. d'Erasme, par Barrett.
Paris, 789, in-12, fig., br. — Eloge de l'ivresse, par Sal-
lengre (revu par Miger). *Paris*, an vi, in-12, br. — Eloge
de l'asne, par un docteur de Montmartre. *Londres*, 769,
pet. in-12, br.

516. Le retour des pièces choisies, ou bigarrures curieuses (publ. par Bayle). *Emmerick*, 687, pet. in-12, v. gr., fil.

517. Voyage de Paris à Saint-Cloud par mer et retour de Saint-Cloud à Paris par terre (par Neel). *Paris*, 787, in-12, 2 part. en 1 vol., br. — L'art de péter, essai théori-physique et méthodique (par Hurtault). *Westphalie*, 776, in-12, br.

518. Mémoires pour servir à l'hist. de la calotte. *Aux États Calotins*, 752, pet. in-12, 3 vol., v. m. — Le cosmopolite, ou le citoyen du monde, par Monbron. *Londres*, 764, in-12, v. f.

519. Histoire de Bertholde, contenant ses avantures, sentences, bons mots, réparties ingénieuses, ses tours d'esprit, l'histoire de sa fortune et son testament, trad. de Cesare Croci. *La Haye, Gosse*, 750, in-8, br.

520. Les chats, par Moncrif. *Paris, Quillau*, 727, in-8, fig., br. — Histoire des rats, pour servir à l'histoire universelle (par le même). *Ratopolis*, 737, in-8, fig., v. br.

521. Aresta amorum cum erudita Ben. Curtii Symphoriani explanatione. *Lugduni, Gryphius*, 538, in-4, v. br.

522. Apologie des dames, appuyée sur l'histoire, par M. de *** (Mme Galien). *Paris*, 748, in-12, bas. — Mémoire pour le sexe féminin contre le sexe masculin, par Mme .... *Paris*, 787, in-12, br. — De l'égalité des deux sexes (par Poullain de la Barre), *Paris*, 673, in-12, v. br. — Essai satyrique et amusant sur les vieilles filles, trad. de l'angl., par Sibille. *Paris*, 788, in-12, 2 vol., br.

523. Concubitus sine lucina, ou le plaisir sans peine, trad. de l'angl. *Londres*, 750, in-8, br.

VI. POÈTES GRECS.

524. Les quatre poétiques, par Batteux. *Paris*, 771, gr. in-8, 2 vol., br.

525. Erotopsie ou coup-d'œil sur la poésie érotique et les poètes grecs et latins. *Paris*, 802, in-8, br.

526. Florilegium diversorum epigrammatum veterum (gr.). *Excud. H. Steph.*, 566, in-4, dem. mar. rou.

527. Anthologia græca, edidit Fr. Ferd. Drück. *Stuttgartiæ*, 808, in-8, br.—Chrestomathia græca poetica, curavit Th. Chr. Harles. *Coburgi*, 768, in-8, dem.-rel.

528. Poetæ græci veteres (heroici), curâ et recens. J. Lectii. *Aureliæ-Allobr.*, 614, in-fol., v. br.

529. Les chants de Tyrtée, trad. en vers franç., suiv. de la Reine de Portugal, trag. en 5 actes et d'une notice sur Rob. et H. Estienne, par F. Didot. *Paris*, 826, in-12, v. ant., dent. à fr.

530. Homeri quæ extant omnia, cum latina versione et commentariis Jo. Spondani. *Aureliæ - Allobr.*, 606, in-fol., v. f.

531. Homeri et Homeridarum opera et reliquiæ, ex recens. Fr. Aug. Wolfii. *Lipsiæ, Goschen*, 804, in-8, pap. fin, fig. au trait, 4 vol., br.

532. Homeri opera. gr. et lat. *Patavii*, 819, in-8, 2 vol., br.

533. Homeri Ilias prima, gr. et lat., ex recens. Sam. Clarkii, adjecta clave Sam. Patrick. *Hauniæ*, 802, in-8, br. — Homeri Iliadis lib. I et II, cum paraphrasi græca huc usque inedita, et græcorum veterum commentariis, edidit Ev. Wassenbergh. *Franequeræ*, 783, in-8, br.

534. Lud. Coulon lexicon Homericum. *Paris.*, 643, pet. in-8, vél.—Clavis Homerica, edidit Sam. Patrick. *Londini*, 784, in-8, v. br.— Lexicon Homericum, edidit G. E. Fr. Dürr. *Bartensteni*, 812, in-12, dem.-rel.

535. Homère, trad. par Bitaubé. *Paris, Didot a.*, 787, in-18, pap. vél., fig., 12 vol., mar. rou., fil., tr. dor.

536. L'Iliade (trad. par Lebrun). *Paris*, 776, in-8, 3 vol., br. —L'Iliade d'Homère, en vers, par le baron de Beaumanoir. *Paris*, 781, in-8, 2 tom. en 1 vol., v. m.

537. L'Iliade d'Homère (trad. par Lebrun). *Paris*, 825, in-12, 2 vol., br. — Olympiques de Pindare, trad. en franç. (par de Sozzi). *Paris*, 754, in-12, v. rac., dent.

538. Quinti Smyrnæi post-homericorum lib. XIV, gr., nunc primum recensuit, restituit et supplevit Th. Chr. Tychsen; accesserunt observationes Chr. Got. Heynii. *Argent.*, 807, in-8, bas. rac.

539. Hesiodi opera omnia latinis versibus expressa atque illustrata à Bern. Zamagna. *Ex regio parmensi typogr.*, 785. ═Hesiodi opera, gr. *Ibid.*, 785, in-4, dem. mar. rou., non rog.

540. Anacreontis teii convivialia semiambia (gr. et lat., edente J. Spaletti). *Romæ*, 781, gr. in-fol., fig., cart.

541. Odes d'Anacréon, trad. en franç., avec le texte grec, la

version latine, des notes et des dissertations, par Gail. *Paris,
P. Didot,* an VII, gr. in-4, pap. vél., fig., v. jasp., dent.

542. Idylles de Théocrite, trad. en franç., texte en reg., avec
la version latine, par Gail. *Paris,* an IV, gr. in-4, pap. vél.,
fig., 2 vol., v. jasp., dent.

543. Pindari carmina et fragmenta, gr., Ch. Dan. Beckius
edidit. *Lipsiæ,* 811, in-8, 2 vol., br.

544. Pindari Epinicia, gr., recensuit Aug. Boeckius. *Lipsiæ,*
811, in-4, br.

545. Pindarus, gr. et lat., cum notis, curante C. G. Heyne.
Londini, 824, gr. in-8, 3 vol., dem. cuir de Russie.

546. Theocriti, Moschi et Bionis Idyllia, gr. et lat., edidit Th.
Martin. *Londini,* 760, gr. in-8, v. gauf., dent., tr. dor.

547. Selecta quædam Theocriti Idyllia, recensuit Th. Ed-
wards. *Cantabrigiæ,* 779, in-8, dem. mar. rou., non rog.

548. Callimachi hymni (cum scholiis græcis), adjecta est
versio latina Nic. Frischlini. *Excud. H. Stephanus,* 577,
in-4, vél.

549. Bionis et Moschi Idyllia, cum metaphr. lat. et notis varior., recensuit M. Joa. Ad. Schier. *Lipsiæ,* 752, in-8, cart.

550. Oppiani de piscibus lib. V; de venatione lib. IV (gr.),
L. Lippio interprete. *Venetiis, Aldus,* 517, pet. in-8, v. f.,
fil., tr. dor.

551. Oppiani poemata de venatione et piscatione, cum interp.
latina et schol., recens. J. N. Belin de Ballu. *Argentorati,*
786, in-4, dem.-rel., non rog. (Tom. 1er, le seul paru).

VII. **POÈTES LATINS ANCIENS ET MODERNES.**

552. Joa. Frid. Degen anthologia elegiaco-romana. *Norimbergæ,* 785, in-8, br.

553. C. Val. Catullus, ex edit. G. Doering, cui suas et aliorum
adnotationes adjecit Jos. Naudet. *Parisiis, Lemaire,* 826,
in-8, br.

554. Traduction complète des poésies de Catulle, par Fr. Noël.
Paris, 803, in-8, fig., 2 vol., br.

555. P. Virgilii Bucolica et Georgica, argumentis, explicatio-
nibus, notis illustrata, auct. Jo. Lud. de la Cerda. *Lugduni,*

619, in-fol., bas., dent., tr. dor.—P. Virgilii Æneidos lib. XII..., illustrati à J. L. de la Cerda. *Coloniæ-Agripp.*, 642, in-fol., 2 vol., mar. rou., fil., tr. dor.

556. Elégies de Tibulle, trad. par Mirabeau. *Paris*, 798, in-8, fig., 3 vol., bas.

557. S. Aur. Propertius, cum comment. P. Burmanni. *Traj. ad Rh.*, 780, in-4, cart.

558. Elégies de Properce, trad. par Delongchamps. *Paris*, 802, in-8, 2 vol., v. m.

559. Q. Horatius. *Lutetiæ*, Rob. *Stephanus*, 613, in-12, v. ant., fil. en or, dent. à fr., tr. dor.

560. Horatius, cum notis J. Bond. *Amst.*, *Elzev.*, 676, pet. in-12, mar. rou., fil., tr. dor.

561. Idem, v. f., fil., tr. dor.

562. P. Ovidii opera, Dan. Heinsius recensuit. *Lugd.-Bat.*, *Elzev.*, 629, pet. in-12, 3 vol., dem. mar. rou., réglés. — Nic. Heinsii notæ in Ovidium Nasonem. Pet. in-12, 3 vol., vél.

563. Phædrus, cum not. var., curante Joh. Laurentio. *Amst.*, 667, in-8, fig., v. br.

564. M. Ann. Lucani Pharsalia. *Lugd.-Bat.*, ex off. *Plant.*, 693, in-32, mar. vert, fil., tr. dor.

565. Eadem, cum notis Hug. Grotii et Rich. Bentleii. *Straw-berry-Hill*, 760, in-4, v. f.

566. Eadem. *Paris.*, studio et impensis A. A. Renouard, 795, in-fol., pap. vél., dem. mar. rou., non rog.

567. La Pharsale de Lucain, en vers franç., par de Brebœuf. *Leide, J. Elsevier*, 658, pet. in-12, mar. vert, fil., tr. dor. (*Derome.*) (Il manque la figure.)

568. Silius Italicus. *Amst.*, *Janssonius*, 628, in-24, mar. rou., fil., tr. dor.

569. C. Silius Italicus, illustravit Jo. Chr. Th. Ernesti. *Lipsiæ*, 791, in-8, 2 vol., dem. mar. vert.

570. Idem, cum annotationibus G. Alex. Ruperti, præfatus est Chr. Gott. Heyne. *Gœttingæ*, 795, in 8, 2 vol., br.

571. Juvenalis et Persii satyræ, studio et curâ J. Langii. *Friburgi*, 608, in-4, mar. rou., fil.

572. J. Juvenalis et Sulpiciæ satyræ, curâ Nic. Rigaltii. *Lutetiæ, Rob. Stephanus*, 616, in-12, v. ant., fil., tr. dor.

573. J. Juvenalis et A. Persii satyræ. *Mediolani, per Al. Mus-*

sium, 807, in-fol., fig. avant la lettre (et eaux fortes ajou-
tées), dem.-rel., non rog.

574. Jun. Juvenalis satiræ, edidit Lemaire. *Paris.*, 825, in-8,
2 vol., dem. v. et br.

575. Satires de Juvénal, trad. par Dusaulx, avec les fig. de
Moreau jᵉ avant la lettre. *Paris, Didot jᵉ*, 796, in-4, gr. pap.
vél., 2 vol., cart.

576. Satires de Juvénal, trad. par J. Dusaulx. *Paris*, 803,
gr. in-8, pap. vél., 2 vol., br.

577. C. Lucilii satyrarum quæ supersunt reliquiæ, edidit Fr.
J. Dousa. *Patavii*, 735, in-8, vél.

578. M. Val. Martialis epigrammata, cum notis Farnabii et
variorum, accurante Corn. Schrevelio. *Lugd.-Bat.*, 661,
in-8, vél.

579. Cl. Claudiani opera, interpr. et annot. illustr. Gul. Pyr-
rho, in us. Delphini. *Paris.*, 677, in-4, v. br.

580. Musarum anglicanarum analecta. *Oxonii, è th. Sheld.*,
699, in-8, 2 vol., v. m.

581. Jac. Balde carmina selecta, edente J. C. Orellio. *Turici*,
805, in-8, dem. mar. vert, non rog.

582. Oct. Boldonii epigraphæ religiosæ, memoriales, mor-
tuales, encomiasticæ. *Romæ*, 670, in-4, vél.

583. Disticha in iconas diversorum principum, cæsarum,
philosophor. et alior. illustr. hominum, J. Jac. Boissardo
auct. *Metis*, 587, pet. in-8, v. ant., fil., tr. dor.

584. Philosophiæ recentioris à Ben. Stay versibus traditæ libri X. cum annotationibus et supplementis P. Rog. Jos.
Boscovich. *Romæ*, 755, in-8, 3 vol., v. ant., dent.

585. L'art de peinture de C. A. Du Fresnoy, trad. en franç.
Paris, Nic. Langlois, 684, in-12, fig., mar. rou., fil.,
tr. dor.

586. L'anti-Lucrèce du card. de Polignac, en vers franç., avec
le IXᵉ chant ajouté, par Laurans, et sa traduction en vers latins, par l'abbé Mancin. *Auch*, 813, in-8, dem. v.

587. Car. Ruæi carmina. *Lutetiæ-Paris.*, 688, in-12, dem. v.
(*Purgold.*)

588. Pamphili Saxi opera poetica. *Brixiæ*, 499, pet. in-4,
mar. vert., fil., tr. dor. (*Rel. anc.*)

589. Histoire macaronique de Merlin Coccaie, prototype de
Rabelais. *Paris, G. Robinot*, 606, pet. in-12, mar. rou.,
fil., tr. dor.

590. Ægid. Periandri noctuæ speculum, omnes res admira-
biles, Tyli saxonici machinationes complectens, ex germanico latinitate donatum. *Francof.*, 567, pet. in-8, fig.,
v. br.

VIII. **POÈTES FRANÇAIS.**

591.
      Ci comence une vraie histoire,
      Quen nome romans de la Rose
      Qui est de mlt haute mémoire,
      Ou lart damours est tout enclose.

Pet. in-4, v. m., fil.

> Ms. sur vélin de 188 feuillets de deux colonnes à la page, à 34
> vers pour chaque colonne pleine.
>
> Ce ms., d'une écriture gothique de la fin du XIVe siècle, est pré-
> cieux en raison des grandes différences qu'il offre avec les textes qui
> ont servi au dernier éditeur de ce roman (M. Méon).
>
> Il est de plus orné de 70 petites miniatures représentant les su-
> jets traités aux pages où elles sont placées, et remarquables par l'ex-
> pression des figures. Il se termine par le testament de Jean de Meun.

592. Le débat de deux demoyselles, l'une nommée la Noyre
et l'autre la Tannée, suivi de la vie de S. Harene et d'autres
poésies du XVe siècle, avec des notes et un glossaire. *Paris,
F. Didot*, 825, in-8, dem. v.

593. Œuvres de Clém. Marot. *Lyon, Gryphius*, s. d., pet.
in-8, v. f. (*Un feuillet ms.*)

> Exempl. du comte d'Hoym.

594. Les premières œuvres de Philippe Desportes. *Paris, Ma-
mert Patisson*, 600, in-8, v. br.

595. Poésies de Malherbe, avec des remarques historiques et
critiques (par M. de Querlon). *Paris, Barbou*, 757, in-8,
v. dent., plats en mosaïque, tr. dor.

596. Les œuvres de Racan. *Paris, Coustellier*, 724, in-12, 2
tom. en 1 vol., dem.-rel., non rog.

597. Les satyres et autres œuvres du sieur Regnier. *Leiden,
J. et D. Elsev.*, 652, pet. in-12, v. br.

598. Poésies diverses de M. M***. *Paris*, 756, in-8, mar.
rou., dent., tr. dor.

> Joli manuscrit sur papier, écrit vraisemblablement de la main de
> l'auteur.

599. Odes, cantates, épitres et poésies diverses de J. B. Rousseau. *Paris, Didot a.*, 790, in-4, pap. vél., dem. mar. rou., non rog.

600. OEuvres de Parny. *Paris, Desray*, 808, in-18, 5 vol., br.

601. Les mêmes. *Paris et Bruxelles*, 826-24, in-8, 2 vol., br.

602. OEuvres de Gilbert, édit. publ. par N. L. M. Desessarts. *Paris*, 806, in-8, pap. vél., mar. bl., dent., tr. dor.

603. Les mêmes. *Paris, Dalibon*, 823, in-8, gr. pap. vél., fig., br.

604. Poésies de Nic. Bonneville. *Paris*, 793, in-8, br. — Péosies diverses de M. J. Chénier. *Paris*, 818, in-8, br.

605. OEuvres de P. Aug. de Piis. *Paris*, 810, in-8, 4 vol., v. f., dent.

606. OEuvres choisies de Lebrun. *Paris, Janet et Cotelle*, 829, in-8, gr. pap. vél., dem. v., non rog.

607. La sepmaine, ou création du monde, de G. de Saluste du Bartas, illustrée des commentaires de Pantaléon Thevenin. *Paris*, 618, pet. in-4, v., fil.

608. La pucelle, poëme, par Voltaire. 762, in-8, fig., mar. rou., fil., tr. dor.

609. La même. *Paris, A. A. Renouard*, 816, in-8, pap. vél., fig. de Moreau j^e, dem. mar. vert, non rog.

610. La Henriade. *Paris, Janet*, 817, in-18, pap. vél., fig. avant la lettre, v. rose, dent. à fr., tr. dor.

611. Essay de pseaumes et cantiques mis en vers et enrichis de figures, par mademoiselle ***. *Paris*, 694. = Augustin pénitent, poëme. *Londres*, 738, in-8, v. f., fil., tr. dor.

612. Fables, par Lemarchand de la Viéville. *Paris*, 804, in-8, pap. vél., dem. mar. rou., tr. dor.

613. Fables de La Fontaine. *Paris, Didot a.*, 788, in-4, pap. vél., dem. mar. rou., non rog.

614. Les mêmes. *Paris, Didot a.*, 789, in-8, pap. vél., 2 vol., cart.

645. Les mêmes en caractères sténographiques. *Paris, Berlin*, in-18, br. (12 liv.)

616. Vaux de Vire d'Olivier Basselin, poëte normand de la fin du XIe siècle, publ. par Dubois. *Caen*, 821, in-8, br.

647. Recueil de chansons manuscrites, notées. In-4, mar. rou., dent., tr. dor.

618. Le conseil de Momus et la revue de son régiment, poëme calotin. In-8, fig., mar. rou., dent., tr. dor. *(Sans titre.)*

619. Essai du nouveau conte de ma mère Loye, ou les enlu-

minures du jeu de la constitution. 722, in-8, mar. rou.,
tr. dor.

620. La chézonomie, ou l'art de ch..., poëme en 4 chants
(par Rémard). *Scorop·lis (Paris, Merlin)*, 806, in-12, br.

621. OEuvres diverses de M. Borde. *Lyon*, 783, in-8, 4 vol.,
dem.-rel.

622. Las obros de P. Goudelin. *Toulouso, J. é G. Péch*, 694,
in-12, bas.

ix. POËTES ÉTRANGERS.

623. Il Petrarcha, colla spositione di G. A. Gesvaldo. *Venegia*,
541, in-4, parch.

623 bis. Le rime del Petrarca. *Padova, tipogr. del Seminario*,
819, in-4, pap. vél., 2 vol., cart.

624. Orlando furioso di Lod. Ariosto. *In Venetia*, 553, in-4,
fig. en bois. === Val. Catulli opera, ex recens. Is. Vossii.
Ultraj., 691, in-4, v. m.

625. Orlando furioso di L. Ariosto. *London*, 783, in-18, 4
vol., v. gr., fil

626. Lo stesso. *Prato*, 816, in-12, fig., 10 vol., br.

627. Il Goffredo, overo Gierusalemme liberata di Torq. Tasso.
Vinegia, Salicato, 584, in-12, fig., v. br., fil., tr. dor.

628. La Gerusalemme liberata di T. Tasso. *Firenze, Giov.
Marenigh*, 820, in-fol., fig., 2 vol., cart.

629. Poesie pubblicate dalla comunita di Parma. *Parma,
L. Mussi*, 806, in-fol., v. v., fil.

630. Il congresso di Citera (dal conte Algarotti). *Parigi*, 756,
in-12, br. — Le congrès de Cythère et le jugement de l'a-
mour sur le congrès; suivis de divers morceaux de littérature, trad. de l'ital. *Paris*, 789, in-18, br.

631. Il merto delle donne, le rimembranze, la malinconia e
le pompe funebri poemetti di G. Legouvé recati in versi ita-
liani da L. Balochi. *Parigi, A. A. Renouard*, 802, in-18,
dem. mar. rou., non rog.

    Imp. sur pap. vél. rose.

632. Coleccion de las majores coplas de Seguidillas, Tiranas
y Polos qui se han compuesto para cantar a la guittara.
Madrid, 816, in-18, 2 vol., br. — Poesias de D. Juan Me-
lendez Valdès. *Madrid*, 821, in-18, 3 vol., br.

633. The creation of the world, with Noah's flood; written in cornish by Will. Jordan, with an english translation, by J. Keigwin , edited by Dav. Gilbert. *London*, 827, in-8, cart.

634. Le paradis terrestre, poëme imité de Milton , par Mme D. B.... *Londres*, 748, gr. in-8 , fig., mar. citr., fil., tr. dor.

635. Death's doings; consisting of numerous original compositions in prose and verse, principally intended as illustrations of thirty plates designed and etched by R. Dagley, sec. edit. *London, J. Andrews*, 827, in-8, 2 vol., cart.

636. Orlando in Roncesvalles, a poem, by H. Merivale. *London*, 814, in-8, dem. mar rou., non rog.

637. Hudibras, a poem by Sam. Butler. *London*, 812, in-18, fig., 2 vol., cart.

638. Scottish historical and romantic ballads chiefly ancient, with explanatory notes and a glossary; to which are prefixed some remarks on the early state of romantic composition in Scotland, by J. Finlay. *Edinburgh*, 808, in-12, 2 vol., cart.

639. Le cor merveilleux, poëme. *Heidelberg*, 806, in-8, 2 vol., dem.-rel. *(En allem.)*

640. Hermann et Dorothée, par Goethe. *Brunswick*, 799, in-18, fig., mar. citr., dent., tr. dor., doublé de tabis. *(En allem.)*

641. Les eaux minérales, poëme en quatre chants , par V. W. Neubeck. *Leipsik, Goschen*, 798, in-fol., pap. vél., fig., v. f., fil., tr. dor. *(En allem.)*

642. Poésies de Jens. Baggesen. *Hambourg*, 803, in-4, pap. vél., 2 vol., br. *(En allem.)*

X. THÉATRE.

643. Lettres sur les spectacles, par Desprez de Boissy. *Paris*, 777, in-12, 2 vol., v. j., fil. — Réflexions sur l'art théâtral, par J. M. Larive. *Paris*, an IX, in-8, br. — De l'art du théâtre, élémens de critique dramatique, trad. de l'angl. de Will. Cooke, par P. F. Aubin. *Paris*, 801, in-8, br.

644. Les tragédies d'Eschyle, trad. texte en reg. par Laporte du Theil. *Paris*, an III, in-8, pap. vél., 2 vol., br.

645. Théâtre de Sophocle, trad. par de Rochefort. *Paris*, 788, in-8, 2 vol., v. éc., fil.

646. Aristophanis comœdiæ (gr.), emendatæ à Ph. Invernizio

cum scholiis græcis et viror. doctor. annotation. , curante
Chr. Dan. Beckio. *Lipsiæ*, 809, in-8, 5 vol., dem.-rel.

647. Aristophanis nubes, gr., cum scholiis, recensuit God.
Hermannus. *Lipsiæ*, 799, in-8, v. rac., fil. — Ejusdem
Plutus, gr., cum notis divers., et Coluthi raptus Helenæ...,
curavit Th. Chr. Harles. *Norimbergæ*, 776, in-8, v. m.

648. Théâtre d'Aristophane, trad. par Poinsinet de Sivry.
Paris, 790, in-8, 4 vol., br.

649. P. Terentius, edidit N. E. Lemaire. *Parisiis*, 827, in-8,
2 tom. en 1 vol., dem. v.

650. Aminta favola di T. Tasso. *Leide*, *Gior. Elzev.*, 656,
pet. in-12, v. gauf., fil., tr. dor.

651. Opere teatrali di C. Goldoni. *Venezia*, 788, in-8, 44 tom.
en 17 vol., br.

652. Opere di P. Metastasio. *Londra*, 784, in-24, 11 vol., v. gr.

653. Poesie drammatiche di Apost. Zeno. *Orléans*, *Couret de
Villeneuve*, 785, in-8, 11 vol., br.

654. Les deux frères de l'isle de Scio, comédie, trad. de l'ital.
d'Annibal Caro, par Ant. Galland. Pet. in-4, br. en cart.

Manuscrit autographe du traducteur des Mille et une Nuits.

655. Le nouveau théâtre italien. *Paris*, 733, 9 vol. — Paro-
dies du nouv. thâtre italien. 731, 3 vol.; les 12 vol., in-12,
v. m.

656. Histoire du théâtre français (par les frères Parfait). *Paris*,
745, in-12, 15 vol., v. m.

657. Les catholiques œuvres et actes des apostres, rédigez en
écrit par S. Luc... *Paris*, *Les Angeliers*, 551, pet. in-fol.,
goth., dem. mar. rou.

L'Apocalypse n'est pas joint.

658. Œuvres de J. Racine. *Paris*, *Didot a.*, 784, in-8, pap.
vél., 3 vol., cart.

659. Œuvres de Molière, avec des remarques grammaticales
par Bret. *Paris*, 805, in-12, 8 vol., br.

660. Œuvres de Regnard. *Paris*, 790, gr. in-8, fig., 4 vol.,
br.

661. Recueil des fêtes et spectacles de la cour pour 1763,
1770 et 1771. *Paris*, in-8, 4 vol., mar., fil., tr. dor.
(*Aux armes.*)

662. Œuvres dramatiques de Mercier. *Paris*, 776, in-8, 3
vol., v. m. — Théâtre de Ronsin. *Paris*, 786, in-12, br.

<table><tr><td>N.</td><td align="right">7</td></tr></table>

663. Recueil de pièces de circonstances jouées et publ. en
1816. In-8, 2 vol., v. f., fil.

664. Théâtre des boulevards, ou recueil de parades. *Mahon*
(Paris), 756, in-12, 3 vol., br.

665. Théâtre de campagne, ou recueil de parades les plus
amusantes. *Paris*, 767, in-8, br.

> Contenant : Le pot de chambre cassé; Les deux biscuits; Sirop au
> cul, ou l'heureuse délivrance; Madame Engueule; L'Eunuque; Aga-
> the ou la chaste princesse.

666. Recueil général des proverbes dramatiques. *Paris*, 785,
pet. in-12, 16 vol., br.

667. Lao-seng-eul, comédie chinoise, suivie de San-iu-leou
ou les trois étages consacrés, conte moral, trad. du chin. en
angl. par Davis, et de l'angl. en franç. par Bruguière de
Sorsum. *Paris*, 819, in-8, br.

668. Sacontala ou l'anneau fatal, drame, trad. du sanskrit en
angl. par Jones, et de l'anglais en français par Bruguière.
Paris, 803, in-8, dem.-rel.

XI. POLYGRAPHIE.

669. Aristotelis et Theophrasti scripta quædam, gr. *Ex offic.*
H. Stephani, 557, pet. in-8, mar. rou., tr. dor.

> Piqué; notes mstes.

670. Philostrati opera, Philostrati jun. imagines, et Callistrati
ecphrases, gr. et lat., ex recens. Fed. Morelli. *Parisiis,*
608, in-fol., pap. fort, v. br.

671. Luciani opuscula selecta, edid. Dav. Ch. Seybold. *Go-*
thæ, 774, in-8, br.

672. Ciceronis opera, recensuit, cum var. lectionibus, notis
criticis, indicibus rerum et verborum C. G. Schutz. *Lipsiæ*,
814-18, pet. in-8, 18 vol. en 24 part., br.

> Il manque la 3me partie de l'Index.

673. Franc. Petrarche opera. *Impressa Venetiis per Simonem de*
Luere impensa Dom. Andree Toresani de Asula, 501, in-fol.,
goth., parch.

674. Harduini opera varia. *Amst.*, 733, in-fol., cart.

675. Frid. Spanhemii opera, quatenus complectuntur geo-

graphiam, chronologiam, et historiam sacram atque ecclesiasticam utriusque temporis. *Lugd.-Bat.*, 701, in-fol., 3 vol., vél.

676. Aub. Miræi opera diplomatica et historica. *Lovanii*, 723, in-fol., 4 vol., v. br.

677. Henr. Norisii opera omnia. *Veronæ*, 729, in-fol., 5 vol., v. m.

678. Aloys. Novarini veron. variorum opusculorum tomus unus; item Fr. Polæ inscriptionum liber singularis. *Veronæ, Merlus*, 644, in-fol., v. br.

679. H. Newton epistolæ, orationes, et carmina. *Lucæ*, 710, in-4, vél.

680. Joa. Caii Britanni de canibus britannicis, lib. I; de rariorum animalium et stirpium historia, lib. I; de libris propriis, lib. I; de pronunciatione græcæ et latinæ linguæ, cum scriptione nova, libellus, recogniti a S. Jebb. *Londini*, 729, pet. in-8, v. f., fil.

681. Obras escogidas de don Franc. Quevedo-Villegas. *Paris*, 757, pet. in-8, 2 vol., v. m.

682. Œuvres complètes de Bitaubé. *Paris, Dentu*, 804, in-8, 9 vol., br.

683. Œuvres de Boileau, avec des éclaircissemens historiques donnés par lui-même, et les figures de Bern. Picart. *Amst.*, 718, in-fol., 2 vol., v. f., tr. dor.

684. Œuvres de Boileau. *Paris, P. Didot a.*, 819, gr. in-fol., fig., 2 vol., cart.

685. Les mêmes. *Paris, Didot a.*, 788, in-18, pap. vél., 3 vol , dem. mar. rou., non rog.

686. Œuvres d'André de Bourdeille, avec des remarq. historiques. *Paris, Foucault*, 823, in-8, v. gr., fil.

687. Mémoires, correspondance et opuscules inédits de P. L. Courier. *Paris*, 828, in-8, 2 vol., br.

688. Œuvres de La Fontaine. *Paris, Nepveu*, 810, in-18, pap. vél., fig., 18 vol., v. vert, dent. à fr., tr. dor.

689. Œuvres de P. D. Lebrun, mises en ordre, par Ginguené. *Paris*, 811, in-8, 4 vol., dem. v. à nerfs, non rog.

690. Œuvres de Marivaux. *Paris*, 781, in-8, 12 vol., v. éc.

691. Les œuvres d'Estienne Pasquier. *Amst.*, 723, in-fol., 2 vol., v. br.

692. Œuvres d'Al. Piron, publ. par Rigoley de Juvigny. *Neuchatel*, 777, in-8, 6 vol., v. m.

693. OEuvres complètes de l'abbé Proyart. *Paris, Méquignon fils a.*, 819, in-8, pap. vél., 17 vol., dem. mar. rou., non rog.

694. OEuvres de Louis Racine. *Paris, Lenormant*, 808, in-8, 6 vol., br.

695. OEuvres de Rollin. *Paris, v^e Estienne*, 752, in-4, 16 vol., bas.

695 *bis*. OEuvres de mad. de Riccoboni. *Paris, Foucault*, 818, in-8, pap. vél., fig., 6 vol., cart.

696. OEuvres de Scarron. *Amst., Wetstein*, 752, pet. in-12, 7 vol., br.

697. OEuvres de Thomas. *Paris, Desessarts*, 802, in-8, pap. vél., 7 vol., v. rac., dent., tr. dor.

698. OEuvres de M. de Tourreil. *Paris*, 745, in-12, 4 vol., mar. vert, fil., tr. dor.

699. OEuvres choisies de Tressan. *Paris*, 787, in-8, fig., 10 vol., bas.

700. Cincq dialogues faits à l'imitation des anciens, par **Oratius Tubero** (Lamothe Levayer). *Mons, Paul de la Flèche*, 671, pet. in-12, vél.

701. Les entretiens des voyageurs sur la mer (par Gédéon Flournois). *Amst.*, 740, in-12, 4 vol., v. m.

702. Histoires en forme de dialogues sérieux de trois philosophes, contenant plusieurs doctes discours en diverses sciences, trad. d'espag. en franç., par G. C. (Gab. Chappuis). *Rouen, J. Roger*, 625, pet. in-12, mar. rou., fil., tr. dor.

703. Mélanges de littérature tirez des lettres manuscrites de Chapelain (par Camusat.) *Paris*, 726, in 12, v. f.

704. Collection d'auteurs latins, impr. à Amst. par Wetstein. 21 vol. in-24, cart.

> Plautus.—Juvenalis.—Cornelius Nepos.—Epictetus.—Ausonius.—Terentius.—Horatius.—Claudianus.—Sallustius.—Valer. Maximus.—Quintus Curtius.—Suetonius.—Justinus.—Florus.—J. Cæsar.—Virgilius.—Tacitus.—Erasmi colloquia.—Ovidius.

705. Collection d'auteurs italiens, impr. à Paris, par Prault. 16 vol., pet. in-12, v. m.

> Ariosto, 4 vol.; Il Morgante maggiore di L. Pulci, 3 vol.; Ricciardetto, 3 vol.; Il Torrachione desolato di B. Corsini, 2 vol.; La Secchia rapita di Al. Tassoni, 1 vol.; Il pastor fido di Guarini, 1 vol.; Il Malmantile di L. Lippi, 1 vol.; Il tempio di Gnido e il congresso di Citera, 1 vol.

HISTOIRE.

1. INTRODUCTION.—GÉOGRAPHIE.

706. Dell' arte historica d'Agostino Mascardi trattati V. *In Roma*, 636, in-4, v. f., fil. — Aggiunta all' arte historica del Mascardi di Paolo Pirani. *Venetia*, 646, pet. in-4, cart.

707. Le guide de l'histoire, par D... (Deperthes), continué par Née de la Rochelle. *Paris*, an XI, in-8, 3 vol., br.

708. Le grand dictionnaire géographique, historique et critique, par Bruzen de la Martinière. *Paris*, 768, in-fol., 6 vol., v. m.

709. De la division du monde universel. In-8, mar. rou., fil., tr. dor. *(Deseuille.)*
      Ms. d'une jolie écriture de la fin du XVIIe siècle.

710. Traité des mesures itinéraires anciennes et nouvelles, par d'Anville. *Paris*, 769, in-8, v. m.

711. Recherches sur le principe, les bases et l'évaluation des différens systemes métriques linéaires de l'antiquité, par Gosselin. *Paris, I. R.*, 819, in-4, br.

712. Strabonis rerum geogr. lib. XVII. gr. et lat. *Paris., L. Durand*, 763, in-4, dem.-rel.

713. Dionysii geographia, gr., cum interpr. lat. edente Edv. Wells. *Oxonii, è th. Sheld.*, 704, in 8, mar. rou., fil., tr. dor.

714. Pomponius Mela, trad. en franç. sur l'édit. d'Abr. Gronovius, texte en regard, par C. P. Fradin. *Paris*, 804, in-8, 3 vol., bas. gr.

715. Compendio geographico i historico de el orbe antiguo, i descripcion de el sitio de la tierra, escripta por Pomponio Mela, espanol antiguamente en la republ. romana; i ahora con nueva i varia ilustracion restituido a la suia espanola de la libreria de D. Jus. Ant. Gonzalez de Salas. *Madrid, Sancha*, 780, in-8, fig., v. gr., fil., tr. dor.

716. Vibius Sequester de fluminibus, fontibus, lacubus, nemoribus, paludibus, montibus, gentibus quorum apud

poetas mentio fit, edidit Jer. Jac. Oberlinus. *Argent.*, 778, in-8, v. gr., fil., tr. dor.

717. Recherches sur la géographie systématique et positive des anciens, par Gosselin. *Paris, Impr. de la Rép.*, an VI, in-4, cartes, 4 vol.; les tom. 1 et 2 v. gr., fil., et les tom. 3 et 4 br. en cart.

718. Géographie des Grecs, analysée par Gosselin. *Paris, Didot a.*, 790, in-4, cartes, v. gr., fil.

719. Christ. Cellarii descriptio orbis antiqui, auctior et accuratior. *Romæ*, 774, in-fol. obl., fig., br. en cart.

720. Cosmographie de Sébast. Munster. *Bâle*, 553, in-fol., goth., fig. en bois, v. *(En allem.)*

721. Description exacte de l'univers, ou l'ancienne géographie sacrée et profane, par G. Hornius. *La Haye*, 741, in-fol., cartes, br.

722. Bern. Varenii geographia generalis. *Amst.*, *L. Elzev.*, 671, pet. in-12, vél.

723. Dictionnaire de géographie maritime, trad. de l'angl., par L. de Grandpré. *Paris*, 802, in-4, v. m.

724. Miroir de la navigation de la Mer Occidentale, contenant toutes les costes de France, Espaigne, Angleterre, etc., par Lucas Chartier. *Anvers*, 590, in-fol., cartes, v. br.

725. Orbis maritimi sive rerum in mari et littoribus gestarum generalis historia, auth. Cl. B. Morisoto. *Divione*, 643, in-fol., fig. en bois, v. br.

726. Cartes et plans de plusieurs parties des côtes d'Angleterre, d'Écosse et d'Irlande, copiées sur celles du pilote-cotier de la Grande-Bretagne, de Granville - Colline. in-fol., br.

727. Bibliomappe. *Paris, Renard*, 824, in-4, obl., 2 vol., dem.-rel.

728. Un lot d'anciennes cartes géographiques.

729. Atlas national de France, par une société d'ingénieurs. *Paris, Dumetz*, an II, gr. in-fol., dem.-rel.

730. Carte d'Allemagne, en 9 feuilles, par Mentelle et Chanlaire. 805, in-fol., dem.-rel.

731. Danubius pannonico-mysicus, observationibus geographicis, astronomicis, hydrographicis, historicis, physicis perlustratus et digestus ab Al. Ferd. com. Marsili. *Hagæ-Com.*, 726, gr. in-fol., fig., 6 vol., v. m., fil.

732. Analyse de la carte intitulée : les côtes de la Grèce et

de l'Archipel, par d'Anville. *Paris, I. R.*, 757, in-4, dem.-rel.

733. Memoir of a map of the countries comprehended between the Black Sea and the Caspian ; with an account of the caucasian nations, and vocabularies of their languages. *London*, 788, in-4, v. rac., fil.

734. Mémoire historique sur l'ancien cours des eaux dans la ville d'Alexandrie, par J. A. de Giorgi. *Alexandrie, V. Alauzet*, an XIII, in-4, dem.-rel.

735. Mémoire sur le passage par le nord, par le duc de Croy. *Paris*, 782.==Maisons des pays froids (par le même). *Paris*, 785, in-4, fig., v. m.

736. Recherches sur la Sérique des anciens et sur les limites de leurs connoissances dans la Haute-Asie, par P. F. J. Gosselin. *Paris*, 805, in-4, bas.

II. VOYAGES.

737. Itinerarium Alexandri, edente nunc primum cum not. Ang. Maio. *Francof. ad M.*, 818. == Jul. Valerii res gestæ Alexandri Macedonis, translatæ ex Æsopo græco, prodeunt nunc primum edente notisque illustante Aug. Maio. *Mediolani*, 817, in-8, br.

738. Di Marco Polo e degli altri viaggiatori Veneziani piu illustri dissertazioni del P. ab. Plac. Zurla. *Venezia*, 818, in-4, 2 vol., br.

739. Disquisitiones duæ, prior de veterum septentrionalium imprimis Islandorum peregrinationibus..; posterior de Philippia, sive amoris equini apud priscos boreales causis, per Joa. Erici. *Lipsiæ*, 755, in-8, br.

740. Collection abrégée des voyages anciens et modernes autour du monde, rédigée par B... (Bancarel). *Paris*, 808, in-8, fig., 12 vol., bas rac., fil.

741. Stories of popular voyages and travels (travels in Turkey and in south America). *London*, 829-30, in-18, fig., 2 vol., cart.

742. Le voyage de l'illustre seigneur et chevalier F. Drach à l'entour du monde. *Paris, Gesselin*, 627, in-8, parch.*(Rare.)*

743. Les voyages fameux du sieur Vinc. Leblanc aux quatre

parties du monde, rédigés par P. Bergeron. *Paris*, 658, in-4, v. br.

744. Les fameux voyages de Pietro della Vallé. *Paris*, 662, in-4. 4 vol., v. br.

745. Voyage autour du monde, trad. de l'ital. de Gemelli Careri, par L. M. M. *Paris*, 719, in-12, fig., 6 vol., v. br.

746. Voyage dans l'hémisphère austral et autour du monde, par Cook. *Paris*, 778, in-8, 6 vol., br.

747 Voyage de La Pérouse autour du monde, publié par Millet-Mureau. *Paris*, 797, in-4, 4 vol., cart.

748. Voyage autour du monde pend. les ann. 1790, 91 et 92, par Et. Marchand, précédé d'une introduction historique..., par Claret Fleurieu. *Paris, Imp. de la Rép.*, an VI, in-4, pap. vél., 4 vol., cart.

749. Voyage du capit. Louis de Freycinet autour du monde, de 1817 à 1820. *Paris, Pillet a.*, 824 et ann. suiv.

 Historique : Texte, tom. 1er. — Atlas, 19 livr.
 Zoologie : Texte, tom. 1er. — Atlas, 16 liv. (compl.)
 Botanique : Texte, 1 vol. (compl.). — Atlas, 12 livr.
 Observations du Pendule, 1 vol.

750. Journal des voyages de M. de Monconys, publié par de Liergues. *Lyon*, 665-66, in-4, 3 vol., v. br.

751. Voyage à Constantinople, en Italie et aux îles de l'Archipel par l'Allemagne et la Hongrie. *Paris*, 807, in-8, v. gr. fil.

752. Voyage fait en 1768 et 1769 à différentes parties du monde, pour éprouver en mer les horloges marines inventées par Ferd. Berthoud, publ. par D'Eveux de Fleurieu. *Paris, I. R.*, 773, in-4, fig., 2 vol., v. m.

753. Voyage dans le Finistère (par Cambry). *Paris*, an VII, in-8, 3 vol., v. m.

754. P. Lambecii diarium sacri itineris cellensis interrupti et repetiti. *Hamburgi*, 710, in-fol., br.

755. Diarium italicum, sive monumentorum veterum bibliothecarum, musæorum, etc., notitiæ in itinerario italico collectæ, à D. Bern. de Montfaucon. *Paris.*, 702, in-4, fig., v. br.

756. Voyage dans les Alpes, par de Saussure. *Neufchâtel*, 803, in-8, fig., 4 vol., br.

757. Voyages physiques et lithologiques dans la Campanie, par Sc. Breislak, trad. de l'ital., par de Pommereuil. *Paris, Dentu*, 801, in-8, fig., 2 vol., dem.-rel.

758. Voyage d'Espagne, contenant plusieurs particularités de

ce royaume. *Cologne, P. Marteau (Elzev.)*, 667, pet. in-12, mar. vert., fil., tr. dor.

759. Voyage en Espagne, par Langle. *Paris*, 796, in-8, br.

760. Voyage en Hongrie, par Rob. Townson, trad. de l'angl. par Cantwell. *Paris*, an VII, in-8, pap. vél., fig., 3 vol., br.

761. Relation d'un voyage dans la mer du Nord, en 1767 et 1768, par de Kerguelen Tremarec. *Paris*, 771, in-4, fig., br.

762. Journal historique du voyage de Lesseps au Kamtschatska. *Paris, I. R.*, 790, in-8, 2 vol., br.

763. Atlas du voyage en Sibérie de l'abbé Chappe d'Auteroche. Gr. in-fol., parch.

764. Voyage dans le Caucase et en Géorgie en 1807-08, par J. Klaproth. *Halle*, 812, in-8, 2 vol., br. *(En allem.)*

765. Bern. de Breydenbach sanctarum peregrinationum in montem Syon ad venerandum Christi sepulchrum in Jerusalem opusculum. *In civitate moguntina impressum, per Erhardum Reuwich*, 486, in-fol., goth., rel. en bois.

> Il manque la grande vue de Venise et celle de Jérusalem, et il y a plusieurs déchirures raccommodées et complétées à la main.

766. Voyage de la Troade, fait en 1785-86, par Lechevalier. *Paris, Dentu*, 802, in-8, 3 vol., br., et atlas in-4, dem.-rel.

767. Olympia, or topography illustrative of the actual state of the plain of Olympia and of the ruins of the city of Elis, by John Spencer Stanhope. *London*, 824, gr. in-fol., fig., dem. mar. puce.

768. Voyage dans l'empire ottoman, dans l'Egypte et la Perse, par G. A. Olivier. *Paris, Agasse*, an IX, in-4, pap. vél., 3 vol. et atlas, cart.

769. Voyage pittoresque de la Grèce, par Choiseul-Gouffier (Tom. 1er). *Paris*, 782, gr. in-fol., fig. — Tom. 2, 1re part. *Paris*, 809, in-fol., fig., cart.

770. Voyage dans la Grèce, par Pouqueville. *Paris*, 820, in-8, 5 vol., br.

771. Relation du voyage de Perse et des Indes orientales, trad. de l'angl., de Th. Herbert. *Paris*, 663, in-4, v. br.

772. Recueil des voyages qui ont servi à l'établissement et aux progrez de la Compagnie des Indes orientales. *Rouen*, 725, in-12, fig., 10 vol., cart.

773. L'ambassade de la compagnie orientale des Provinces-Unies vers l'empereur de la Chine, ou grand cam de Tar-

tarie, faite par P. de Goyer et J. de Keyser, recueillie par
J. Nieuhoff, et mis en ordre par J. Le Carpentier. *Leyde,*
665, in-fol., fig., v. br.

774. Voyage de l'ambassade de la compagnie des Indes orientales hollandaises vers l'emp. de la Chine, en 1794 et 95, tiré du journal d'André Evér. van Braam Houckgeest, publ. en franç., par Moreau de S. Méry. *Philadelphie,* 797, in-4, br. *(Tom. 1er.)*

775. Voyage en Chine, formant le complément du voyage de lord Macartney, par J. Barrow, trad. de l'angl., par Castéra. *Paris,* 805, in-8, 3 vol., dem. v.

776. Voyage en Chine, ou journal de la dernière ambassade anglaise à la cour de Pékin, par H. Ellis, trad. de l'angl., par Mac-Carthy. *Paris,* 818, in-8, fig., 2 vol., br.

777. Voyage en Chine à travers la Mongolie, en 1820 et 21, par Tymkovski. *S. Pétersbourg,* 824, gr. in-8, fig., 3 vol., br. *(En russe.)*

778. Voyage à Péking à travers la Mongolie, en 1820 et 21, par T. Timkovski, publié par J. Klaproth. *Paris,* 827, in-8, 2 vol., br.

779. Les voyages advantureux de Fernand Mendez Pinto, trad. du port. par Bern. Figuier. *Paris,* 645, in-4, v. f.

780. Voyage de découvertes aux terres australes, exécuté de 1801 à 1804, par Péron et Freycinet (partie historique). *Paris, I. I.,* 807, in-4, 4 vol., dont 2 atlas, cart.

781. Voyage en Egypte et en Syrie en 1783, 84 et 85, par Volney. *Paris,* 825, in-8, 2 vol., br.—Tableau historique des découvertes et établissemens des Européens dans le nord et dans l'ouest de l'Afrique jusqu'au XIXe siècle, trad. par Cuny. *Paris,* 809, in-8, 2 vol., br.

782. Voyage à l'oasis de Thèbes et dans les déserts de la Thébaïde, de 1815 à 1818, par Fréd. Cailliaud, rédigé et publ. par M. Jomard. *Paris,* 824, in-fol.(Livr. 1re de texte et 1re de planches.)

783. Voyage en Nubie et en Abyssinie, entrepris pour découvrir les sources du Nil, de 1768 à 1773, par J. Bruce, trad. de l'angl., par Castéra. *Paris,* 790-94, in-4, 6 vol. dont atlas, br. en cart.

784. Voyage du chev. des Marchais en Guinée, isles voisines et à Cayenne, par le P. Labat. *Amst.,* 731, in-12, fig., 4 vol., bas

785. Voyage au Sénégal, fait en 1785 et 1786, par Durand. *Paris, Dentu,* 807, in-4, 2 vol., dont atlas, br. en cart.

786. Relation d'une expédition entreprise pour reconnaître le Zaïre, appelé Congo, trad. de l'angl. *Paris, Gide,* 818, in-8, 2 vol., et atlas in-4, br.

787. Voyage au Cap de Bonne-Espérance, et autour du monde avec le cap. Cook, et principalement dans le pays des Hottentots et des Caffres, par And. Sparmann, trad. par Letourneur. *Paris,* 787, in-4, fig., 2 vol., br.

788. Voyage dans les quatre principales îles des mers d'Afrique, en 1801 et 1802, par Bory de St. Vincent. *Paris,* 804, in-8, fig., 3 vol. et atlas in-4, br.

789. Histoire générale des voyages et conquestes des Castillans dans les isles et terres fermes des Indes occidentales, trad. de l'espagn. d'Ant. de Herrera, par N. de la Coste. *Paris,* 660, in-4, 3 vol., v. br.

790. Histoire de la navigation de Jean Hugues de Linschot aux indes orientales, avec annotations de B. Paludanus. *Amst.,* 638, pet. in-fol., fig., v. br.

791. Voyage de la France équinoxiale en l'île de Cayenne, entrepris par les François, en 1652, par Ant. Biet. *Paris,* 664, in-4, v. br.

792. Voyage à la Martinique en 1751 (par Th. de Chanvalon). *Paris,* 763, in-4, dem.-rel.

793. Voyage dans la Haute Pensylvanie et dans l'état de New-York. *Paris,* 804, in-8, fig., 3 vol., dem.-rel.

794. Voyages made in the years 1788 and 1789 from China to the north west coast of America, by John Mears. *London,* 790, in-4, fig., dem.-rel.

III. CHRONOLOGIE. — HISTOIRE

UNIVERSELLE.

795. Table chronologique des règnes, par Ptolémée, trad. du grec par l'abbé Halma. *Paris,* 819, in-4, br.

796. Thesaurus temporum Eusebii Pamphili, chronicorum canonum omnimodæ historiæ lib. II, interpr. Hieronymo: ejusd. Eusebii utriusque partis chronicorum canonum reliquiæ græcæ, operà ac studio J. J. Scaligeri editæ. *Lugd.. Bat.*, 606, in-fol., v.

797. Eusebii Pamphili chronicorum canonum lib. II; opus ex haicano codice à doct. J. Zohrabo expressum et castigatum, Ang. Maius et J. Zohrabus nunc primum conjunctis curis latinitate donatum notisque illustratum, additis græcis reliquiis, ediderunt. *Mediolani, typ. reg.*, 818, in-4, tiré sur pap. gr. in-fol., br.

798. Gregoriana correctio illustrata, ampliata et à conviciis vindicata, auct. P. Melitone. *Coloniæ*, 743, in-4, mar. rou., fil.

799. Annales veteri et Novi Testamenti, cum rerum asiaticarum chronico, à J. Usserio. *Genevæ*, 722, in-fol., v. m.

800. Opus chronographicum orbis universi, a mundi exordio usque ad ann. 1611, continens historiam, icones et elogia summorum pontificum, imperatorum, regum et virorum illustrium, autorib. P. Opmeero et Laur. Beyerlinck. *Antuerpiæ*, 611, in-fol., fig., v.

800 bis. Dion. Petávii rationarium temporum. *Venetiis*, 749, in-8, 2 vol., mar. rou., fil., tr. dor. *(Rel. anc. Aux armes.)*

801. Tablettes chronologiques de l'histoire universelle sacrée et profane, par J. Picot. *Genève*, 808, in-8, 3 vol., bas.

802. Discours sur l'histoire universelle, par Bossuet. *Paris, Didot a.*, 786, in-8, pap. vél., 2 vol., cart.

802 bis. Le même. *Paris, Didot a.*, 784, in-18, pap. vél., 4 vol., dem. mar. rou., n. rog.

803. Le grand théâtre historique, ou nouvelle histoire universelle, tant sacrée que profane, depuis la création du monde jusqu'au commencement du XVIIIe siècle. *Leyde*, 703, in-fol., fig., 2 tom. en 1 vol., v.

804. Histoire universelle, trad. de l'angl. par une société d'hommes de lettres. *Amst.*, 742-90, in-4, fig., 45 vol., bas. éc., fil.

805. Wolfg. Lazii de gentium aliquot migrationibus, sedibus fixis, reliquiis, linguarum initiis et immutationibus ac dialectis lib. XII. *Basileæ*, 555, in-fol., v. br.

806. Histoire des conjurations, conspirations et révolutions célèbres, par Duport du Tertre, continuée par Desormeaux. *Paris*, 754, in-12, 10 vol., v. m.

807. Ephémérides de P. J. Grosley, publ. par Patris-Dubreuil. *Paris*, 811, in-12, 2 vol., bas.

IV. HISTOIRE DES RELIGIONS.

808. Bibliothèque d'Apollodore, trad. avec le texte en regard, par Clavier. *Paris*, 825, in-8, pap. vél., 2 vol., br.

> Le tome 1er est incomplet.

809. Le imagini de gli dei de gli antichi di Vinc. Cartari Reggiano, nelle quali sono descritte le religione de gli antichi, li idoli, rite e ceremonie loro. *Venetia*, 625, in-4, fig., parch.

810. Recherches sur le culte de Bacchus, par M. Rolle. *Paris*, 825, in-8, 3 vol., br.

811. Les furies, d'après les poëtes et les artistes anciens, par Boettiger, trad. de l'allem. par Winckler. *Paris*, 802, in-8, fig., br.

812. Discours de la religion des anciens Romains, de la castramétation et discipline militaire d'iceux, des bains et antiques exercitations grecques et romaines, escript par Guill. du Choul. *Lyon*, 567, fig. = Discours sur les médalles et graveures antiques, principalement romaines, par Ant. le Pois. *Paris*, 579), in-4, fig., rel. en peau de truie.

813. Histoire des temples des payens, des juifs et des chrétiens, par l'ab. Ballet. *Paris*, 760, in-12, v. m. — Recueil curieux et édifiant sur les cloches de l'église (par Thiers). *Cologne*, 757, in-12, non rel.

813 bis. Petri Comestorii scholastica historia. In-fol., dem. cuir de Russie.

> Beau manuscrit sur vélin écrit en 1469 par Conr. Leumberger. Il est remarquable par sa belle conservation et sa fraîcheur. Il contient 200 feuillets.

814. Jos. Binghami origines sive antiquitates ecclesiasticæ; ex lingua anglicana in latinam vertit Joa. Henr. Grischovius. *Halæ*, 724, in-4, 2 vol., v. f.

815. Histoire dogmatique du Saint-Siége, par J. Cl. Sommier. *Nancy*, 716, in-12, 5 vol., v. f.

816. Histoire du concile de Trente, de fra Paolo Sarpi, trad. par Hamelot de la Houssaie, av. des remarq. *Amst.*, 686, in-4, v. br.

817. Histoire de la robe sans couture de N. S. Jésus-Christ (par D. Bergeron). *Paris*, 686, pet. in-12, fig., v. gr. —

Histoire de Notre-Dame de Liesse, par Villette. *Laon*, 727, in-8, fig., v. br.

818. Le thrésor des grandes richesses de l'église, par Nic. de Blairye. *Amiens*, 618. = Recueil des antiquitez et singularitez de la ville de Rouen, par Taillepied. *Rouen*, 587, pet. in-8, mar. citr., fil.

819. Histoire de l'église du Japon, par le P. Crasset. *Paris*, 715, in-4, 2 vol., v. br.

820. Briefve histoire de l'institution de toutes les religions, avec leurs habits gravez par Odoard Fialetti. *Paris*, 658, in-4, fig., v. br.

> Incomplet de 2 planches.

821. Dénonciations des crimes et attentats des soi-disant jésuites dans toutes les parties du monde. 762, in-12, v. gr., fil. — Relation de l'origine, du progrès et de la condamnation du quiétisme. 732, in-12, v. f.

822. Essai sur l'histoire du sabéisme et sur le peuple nomade ou Bohémien, par de Bock. *Metz*, 788, in-12, 2 vol., br. — Histoire de l'Alcoran, par Turpin. *Londres*, 775, in-12, 2 vol., v. m.

V. HISTOIRE ANCIENNE.—HISTOIRE DES JUIFS.—HISTOIRE GRECQUE.

823. Histoire du peuple de Dieu, par le P. Berruyer, 1re partie. *Paris*, 742, in-12, 10 vol., v. = 2e partie. *La Haye*, 753. in-12, 8 vol., v.

824. Histoire des juifs, par Prideaux. *Amst.*, 728, in-12, fig., 6 vol., v. m.

825. P. Cunæi de republica hebræorum lib. III, cum annotat. Joa. Nicolaï. *Lugd.-Bat.*, 704, in-4, v. br.— Joa. Meyeri tractatus de temporibus et festis diebus hebræorum. *Amst.*, 724, in-4, br. — Antiquitates hebraicæ, secundum triplicem judæorum statum, ecclesiasticum, politicum et œconomicum, delineatæ à Conrado Ikenio. *Bremæ*, 741, pet. in-8, dem.-rel.

826. Joa. Seldeni de synedriis et præfecturis juridicis veterum Ebræorum liber. *Londini*, 650, in-4, vél.

827. Diodori Siculi opera (versio lat.). *Basileæ, Henr. Petrus*, 531, in-fol., v. br.

828. Justinus, cum notis Is. Vossii. *Lugd.-Bat., Elzev.*, 640, pet. in-12, v. f.

829. Histoire ancienne, par Rollin. *Paris*, 769-72, in-12, 13 tom. en 14 vol., v. m.

830. Précis de l'histoire ancienne d'après Rollin, par J. C. Royou. *Paris*, 811, in-8, 4 vol., dem.-rel.

831. Etudes de l'histoire ancienne et de celle de la Grèce, par P. Ch. Lévesque. *Paris*, 811, in-8, 5 vol., v. rac., dent.

832. Des anciens gouvernemens fédératifs et de la législation de Crète (par de Sainte-Croix). *Paris*, an vii, in-8, br. — Histoire philosophique et politique de Lacédémone et des lois de Lycurgue, par de Gourcy. *Paris*, 768, in-8, br. — De la naissance et de la chute des anciennes républiques, trad. de l'angl., par Cantwell. *Paris*, in-8, dem.-rel.

832 bis. Histoire d'Hérodote, trad. par Larcher. *Paris*, 786, in-4, 7 vol., v. rac.

833. La même. *Paris, Barrois*, 802, in-4, pap. vél., 9 vol., cart.

833 bis. Pausaniæ accurata græciæ descriptio, gr. et lat., edente Guil. Xilandro. *Hanoviæ*, 613, in-fol., v. br.

834. Eadem, cum Rom. Amasæi interpretatione; accessere G. Xilandri et Fr. Sylburgii annotat. ac novæ notæ Joach. Kuhnii. *Lipsiæ*, 696, in-fol., vél.

835. Græcia, sive historiæ urbium et populorum Græciæ ex antiquiss. numismatibus restitutæ lib. IV, Hub. Goltzio auctore et sculptore. 581, in-fol., fig., v. br.

836. Voyage d'Anacharsis en Grèce, par J. J. Barthélemy. *Paris*, an vii, in-8, 7 vol., bas., fil., et atlas in-fol., cart.

837. L'histoire de Thucydide, translatée de grec en françois, par Cl. de Seyssel. *Paris*, 558, in-fol., v. br.

838. Phil. Theod. Verpoortennii dissertationes tres : de regno salaminio in Cypro, de verbo græco *ιενος* atque de *plèro-phoriai* fidei..., curavit Joh.-Frid. Fischerus. *Lipsiæ*, 779, in-8, br.

839. Xenophontis de Cyri institutione lib. VIII, gr. et lat., cum notis varior., edid. Th. Hutchinson. *Londini*, 808, in-8, v. rac.

840. L'expédition de Cyrus, trad. du grec par Larcher. *Paris*, 778, in-12, 2 vol., v. m. — La cyropædie, ou l'histoire de Cyrus, trad. du grec, par Charpentier. *Paris*, 749, in-12, 2 vol., v. m.

841. Quintus Curtius, cum commentario Sam. Pitisci. *Ultraj.*, 685, in-8, fig., v. br.

842. Quintus Curtius, cum complementis Freinshemii et animadversionibus, translata de latina lingua (in russicam) iterum à Steph. Kracheninnikov. *S. Peterburgi*, 750, in-8, 2 tom. en 1 vol., dem.-rel.

843. Q. Curtius, interpretatione et notis illustr. Mich. Le Tellier, ad. us. Delph. *Bassani*, 787, in-4, v. m.

844. Quinte Curce, trad. par Mignot. *Paris*, 781, in-8, 2 vol., br.

VI. HISTOIRE ROMAINE. — HISTOIRE DU BAS - EMPIRE.

845. L'ancienne Rome, par F. Deseine. *Leide*, 713, in-12, fig., 4 vol., v. m.

846. De romana republica sive de re militari et civili Romanorum, auct. P. Jos. Cantelio. *Lugd.-Bat.*, 726, pet. in-8, fig., vél.

847. De gentibus et familiis Romanorum Rich. Streinnii. *Venetiis, Aldus*, 571, pet. in-4, vél.

848. Series Augustorum, Augustarum, Cæsarum et tyrannorum omnium tam in Oriente quam in Occidente, auct. Laur. Patarol. *Venetiis*, 702, in-4, fig., vél.

849. Fasti magistratuum et triumphorum romanorum, ex antiquis monumentis restituti, Hub. Goltzio aut. *Brugis Flandr.*, 566, in-fol., fig., v. br.

850. Appiani Alex. romanæ historiæ (gr. et lat.). *H. Stephanus*, 592, in-fol., v. m.

851. Eædem, gr., edidit, notis variorum selectis et suis illustravit Lud. Henr. Teucherus. *Lemgoviæ*, 796, in-8, 2 tom. en 3 vol., br.

852. Eædem. *Lipsiæ, Tauchnitz*, 818, in-16, 4 vol., br.

853. Eutropius, cum not. varior., edidit C. H. Tzschucke. *Lipsiæ*, 796, in-8, v. ant., fil.

854. L. Ann. Florus, cum not. varior., recensuit C. A. Dukerus. *Amst.*, 744, in-8, vél.

855. Florus, trad. par Ch. du Rozoir. *Paris*, 829, in-8, gr. pap. vél., br.

856. Titi Livii historiarum libri, ex recensione heinsiana. *Lugd.-Bat., Elzev.*, 634, pet. in-12, 3 vol. = J. F. Gronovii notæ... *Ibid.*, 645, 1 vol.; les 4 vol. mar. rou., dent.

857. Idem, cum supplem. Freinshemii, recens. et not. illustr. J. B. L. Crevier. *Paris.*, 735, in-4, gr. pap., tom. 1 à 3, v. br.

858. Las decadas de Tito Livio. *Impressas en Salamanca, anno* 497, in-fol. goth., v. br.

859. C. Vell. Paterculus, cum not. varior., curante Dav. Ruhnkenio. *Lugd.-Bat.*, 779, in-8, 2 vol., vél. blanc, dent., non rog.

860. Les histoires de Salluste, trad. en franç., avec le texte, par Beauzée. *Paris*, 775, in-12, v. f., fil.

861. C. Jul. Cæsar, cum not. varior., curante Arn. Montano. *Amst. Elzev.*, 670, in-8, v. br.

862. Idem, è recensione F. Oudendorpii, curavit J. J. Oberlinus. *Londini*, 825, in-8, cart.

863. Les commentaires de César, d'une traduction toute nouvelle (celle de Perrot d'Ablancourt, retouchée par Lemercier). *La Haye*, 743, in-12, fig. et cart., 2 vol., v. m.

864. Cassii Dionis historiæ romanæ quæ supersunt, gr. et lat., cum annot. H. Valesii et Joa. Alb. Fabricii, curâ H. Sam. Reimari. *Hamburgi*, 750, in-fol., 2 vol., v. m.

865. C. Suetonii opera, cum commentarii Sam. Pitisci. *Leovardiæ*, 724, in-4, fig., 2 tom. en 1 vol., v. br.

866. C. Tacitus, edidit Gab. Brotier. *Parisiis*, 776, in-12, 7 vol., bas.

867. Idem. *Paris., Barbou,* 760, in-12, 3 vol., v. rac., fil., tr. dor.

868. Opere di G. Corn. Tacito, illustrate con aforismi di Baldassar Alamo Varienti, trasportati dalla lingua castigliana nella toscana, da D. Gir. Canini d'Anghiari. *Venetia*, 665, in-4, v. br.

869. Histoire de Constantinople, trad. sur les originaux grecs, par Cousin. *Paris*, 685, in-12, 10 vol., v. br.

870. L'histoire de Geoffroy de Villehardouin de la conqueste de Constantinople par les barons françois associez aux Vénitiens l'an 1204, d'un côté en son vieil langage et de l'autre en un plus moderne et intelligible, par Blaise de Vigenère. *Paris*, 580, in-4, v. br.

871. L'histoire de la décadence de l'empire grec et establissement de celuy des Turcs, par Chalcondille, de la traduct. de Bl. de Vigenère, à laquelle ont été adjoustés les éloges des seigneurs ottomans, et figures représentant au naturel les accoustremens des officiers de l'empire turc, par Art. Thomas. *Paris*, 620, in-fol. réglé, v. m.

VII. **ARCHÉOLOGIE**.

A. GÉNÉRALITÉS.

872. Introduction à l'étude des monumens antiques et à
celle des pierres gravées, par A. L. Millin. *Paris*, 796, in-8,
2 vol., br.

873. L'antiquité expliquée (en franç. et en lat.), et représentée en figures, par le P. de Montfaucon. *Paris*, 719, 5
tom. en 10 vol.=Supplément... *Paris*, 724, 5 vol., les 15
vol. in-fol., gr. pap., fig., v. m.

874. Henr. Spoor favissæ utriusque antiquitatis tam romanæ
quam græcæ. *Ultraj.*, 707, in-4, v. br.

875. Epitome thesauri antiquitatum, ex museo Jacobi de
Strada. *Lugduni*, 553, in-4, fig., v. br.

876. Omnia Æneæ Vici opera, quæ de rebus ad venerandam
antiquitatem pertinentibus ediderat, à J. B. Duvallio resti-
tuta et emendata. *Lutetiæ-Paris.*, 619, in-4, fig., v., fil.

877. De lucernis antiquorum reconditis lib. VI, aut. Fort.
Liceto. *Utini*, 653, fig. = Ejusd. hieroglyphica, sive antiqua schemata gemmarum annularium. *Patavii*, 653, in-fol.,
fig., vél.

878. Recueil d'antiquités égyptiennes, étrusques, grecques et
romaines, par le comte de Caylus. *Paris*, 752-64, in-4, fig.,
tom. 1 à 6, vél.

879. Augusteum..... Description des antiquités de la galerie
du prince Frédéric Auguste, par Will. Gottl. Becker. In-fol.,
fig., dem. mar. rou , non rog.

880. Le cabinet de la bibliothèque de Ste Geneviève, par le
P. Cl. du Moulinet. *Paris*, 692, in-fol., fig., v. br.

881. Ara antica scoperta in Hamburgo da Stef. de Mainoni,
publicata con alcune spiegazioni dal dott. Gio. Labus. *Milano*, 820, in-4, fig., dem.-rel.

882. Iconographie grecque, par Visconti. *Paris, Didot a.*,
811, in-4, 3 vol., dem. mar. rou., non rog.

883. Planches de l'iconographie grecque, par Visconti. *Paris*,
811, in-fol., dem. mar. rou. (57 pl.)

883 *bis* Planches de l'iconographie romaine, par le même.
Paris, 811, in-fol., dem. mar. rou. (17 pl.)

884. Joa. Rosini antiquitates romanæ, cum not. Th. Demps-
teri. *Lugd.-Bat.*, 663, in-4, fig., vél.

885. Henr. Kippingii antiquitates romanæ. *Lugd.-Bat.*, 713,
in-8, fig., br.

886. Veteris Latii antiquitatum amplissima collectio, volu-
men primum, in quo continentur monumenta vetusta præcipuè tiburtina, tusculana et setina. *Romæ*, 771, in-4, obl.,
br.

887. Raph. Fabretti de columna Trajani syntagma ; accesserunt explicatio veteris tabellæ anaglyphæ Homeri Iliadem,
atque ex Stesichoro Arctino et Lesche ilii excidium conti-
nentis et emissarii lacus Fucini descriptio. *Romæ*, 683, in-
fol., fig., v. br.

888. Observations sur les antiquités d'Herculanum, avec quelques réflexions sur la peinture et la sculpture des anciens, par Cochin et Bellicard. *Paris*, 757, pet. in-8, fig.,
dem.-rel. — Recherches sur les ruines d'Herculanum, avec
un traité sur la fabrique des mosaïques, par Fougeroux de
Bondaroy. *Paris*, 770, pet. in-8, fig., v. m.

889. Découverte de la maison de campagne d'Horace, par
l'abbé Capmartin de Chaupy. *Rome*, 768, in-8, 3 vol.,
dem.-rel.

890. Bulletin des fouilles d'une ville romaine, découverte en
Champagne en 1772, par Grignon. *Bar-le-Duc*, 774, in-8,
fig., dem.-rel.

891. Rapport de la commission nommée par la soc. roy. des
antiq. de France, sur les antiquités gallo-romaines découvertes à Paris dans les fouilles de l'église de S. Landri, en
1829, par MM. Dulaure, Jorand et Gilbert. *Paris*, 830, in-4,
fig., br.

892. Antiquitates neomagenses, sive notitia rarissimarum rerum antiquarum quas in veteri Batavorum oppido studiose
comparavit Joa. Sinetius. *Noviomagi - Bat.*, 778, in-4,
fig., vél.

B. ARCHÉOLOGIE ÉGYPTIENNE.

893. Jac. Perizonii origines babylonicæ et ægyptiacæ, edente
C. And. Dukero. *Traj: ad Rh.*, 736, pet. in-8, 2 vol., bas.

894. Fr. Sam. Schmidt opuscula, quibus res antiquæ, præcipuè ægyptiacæ explanantur. *Carolsruhæ*, 765, in-12 ,
v. m.—Nic. Averanii dissertati ode mensibus Ægyptiorum,
cum notis H. Noris, curante Ant. Fi. Gorio. *Florentiæ*, 737,
in-4, v. f.

895. Descrizione dei monumenti Egizi del regio museo, con-
tenenti leggende reali di Costanzo Gazzera. Fig. = Lezioni
intorno a diversi argomenti d'archeologia, scritte negli anni
1824-25 da Giulio di S. Quintino. *Torino, st. R.*, fig. =
Lezioni archeologiche intorno ad alcuni monumenti del regio museo Egiziano di Torino di G. di S. Quintino. *Torino,
st. R.*, 824, in-4, fig., dem. v., non rog.

896. Obelisci ægyptiaci interpretatio hieroplyphica Ath. Kircheri. *Romæ*, 666, in-fol., fig., parch. — Ejusd. obeliscus
pamphilus. *Romæ*, 650, in-fol., fig., bas.

896 *bis*. Ath. Kircheri sphinx mistagoga, sive diatribe hieroglyphica de Mumiis. *Amst.*, 676, in-fol., fig., parch.

897. Nouvelle explication des hiéroglyphes ou des anciennes
allégories sacrées des Egyptiens, par Alex. Lenoir. *Paris*,
808, in-8, fig., br.—Nouvel essai sur la table isiaque, par
Alex. Lenoir. *Paris*, 809, in-8, fig., br.

898. Lettre sur les hiéroglyphes (par le comte de Pahlin).
802, in-8, v. rac., fil.—Lettre à M. Dacier relative à l'alpha-
bet des hiéroglyphes phonétiques, par Champollion le j°.
Paris, 822, in-8, br. — Deuxième lettre au duc de Blacas,
relative au musée royal égyptien de Turin, par Champollion.
Paris, 826, in-8, et atlas in-4, br.

898 *bis*. Mémoire sur l'antiquité des zodiaques d'Esneh et de
Denderah, trad. de l'angl. *Paris*, 822, pet. in-4, pap. vél.,
fig., br. en cart.

899. Recueil de pièces sur quelques antiquités égyptiennes.
In-8, br.

900. Papiri greco-egizi, ed altri greci monumenti dell' I. R.
museo di corte, trad. ed illustrati da Giov. Petrettini.
Vienna, 826, gr. in-4, pl., br.

C. ARCHÉOLOGIE ARTISTIQUE.—NUMISMATIQUE.

901. Jos. Alex. Furieti, de musivis. *Romæ*, 753, in-4, fig.,
v. m., fil.

902. Vetera monimenta in quibus præcipuè musiva opera, sacrarum profanarumque ædium structura, ac nonnulli antiqui ritus dissertationibus, iconibusque illustrantur, auct. Joa. Campini. *Romæ*, 690, pet. in-fol., fig., v. br.

903. Quadro in musaico scoperto in Pompei in 1831, descritto da Ant. Niccolini. *Prato*, 832, in-4, fig., pap. vél., br.

904. Explication de la mosaïque de Palestrine, par l'ab. Barthélemy. *Paris*, 760, in-4, fig., dem.-rel.

905. Marmora taurinensia dissertationibus et notis illustrata. *Aug.-Taurin.*, 743, in-4, fig., 2 vol., br.

906. Marmora felsinea, à Car. Cæs. Malvasia. *Bononiæ*, 690, in-fol., fig., v. br.

907. Pomp. Gaurici de sculptura liber. Lud. Demontiosii de veterum sculptura, cælatura, gemmarum scalptura, et pictura lib. II. Abr. Gorlæi dactyliotheca, seu annulorum sigillarium quorum apud priscos tam græcos quam romanos usus, promptuarium. *Antuerpiæ*, 609, in-4, fig., v. f.

908. De l'usage des statues chez les anciens (par l'abbé de Guasco). *Bruxelles*, 768, in-4, fig., br.

909. Leo Allatius : de templis græcorum recentioribus; de narthece ecclesiæ veteris; nec non de græcorum hodie quorundam opinationibus. *Coloniæ-Agrip.*, 645. = Ejusd. de mensura templorum antiquorum et præcipuè græcorum exercitatio. *Ibid.*, 645. = Ejusd. confutatio fabulæ de Joanna Papissa, Bartold. Nihusius recensuit. *Ibid.*, 645, in-8, fig., vél.

910. The antiquities of magna græcia, by Will. Wilkins. *Cambridge*, 807, gr. in-fol., fig., cart.

911. Joa. Macarii abraxas, seu apistopistus quæ est antiquaria de gemmis basilidianis disquisitio; accedit abraxas proteus seu multiformis gemmæ basilidianæ portentosa varietas. *Antuerpiæ*, 657, in-4, fig., parch.

912. Bibliotheca numismatica, exhibens catalogum auctorum qui de re monetaria et numis tam antiquis quam recentioribus scripsere, collecta à Joh. Christ. Hirsch. *Norimbergæ*, 760, in-fol., v. m.

913. Histoire de la monnaie des peuples anciens, par Garnier. *Paris*, 819, in-8, 2 vol., br.

914. De asse et partibus ejus lib. V., Gul. Budæi. *Paris.*, 527, in-fol., dem-rel. — Joa. Meursii denarius pythagoricus. *Lugd.-Bat.*, 631, in-4, parch.

915. Recueil de médailles d'or, d'argent, de bronze de difü
férens modules, depuis Pompée jusqu'à Marc-Aurèle... tiré des divers auteurs qui ont écrit le plus savamment sur
cette partie. In-fol., vél.

> Il a été découpé plus de 25 vol. pour la composition de cet ouvrage.

916. Discours sur les médailles antiques, par L. Savot. *Paris,*
627, in-4, parch.

916 *bis.* Promptuaire des médailles des plus renommées personnes qui ont été depuis le commencement du monde, avec
briève description de leurs vies et faicts. *Lyon,* 553, in-4,
fig., bas.

917. Dialoghi di D. Ant. Agostini intorno alle medaglie, ins-
crittioni e altre antichita, trad. di ling. spagn. in ital. da
Dion. Oct. Sada. *Roma,* 592, in-fol., fig., parch.

918. Introduction à la science des médailles, par Th. Mangeart.
Paris, 763, in-fol., fig., br.

919. Nouvelles recherches sur la science des médailles,
inscriptions et hiéroglyphes antiques, par Poinsinet de Sivry. *Maestricht,* 778, in-4, fig., br.—Dissertation de l'ab.
Ghesquière sur les différens genres de médailles antiques.
Nivelles, 779, in-4. br.

920. Chr. Ad. Klotzii historia numorum contumeliosorum et
satyricorum. *Altenburgi,* 765, fig. =Ejusd. hist. numor.
obsidionalium. *Ibid.,* 765, in-8, fig., br.

921. Oth. Sperlingii dissertatio de nummis non cusis tam veterum quam recentiorum. *Amst.,* 700, in-4, vél.

922. Doctrina numorum veterum, conscripta à Jos. Eckhel.
Vindobonæ, 792, in-4, tom. 1 et 2, cart.

923. Manuel de numismatique ancienne, par M. Hennin. *Paris, Merlin,* 830, in-8, 2 vol., bas. rac.

924. Classes generales geographiæ numismaticæ seu monetæ
urbium, populorum et regum dispositæ secundum systema
eckhellianum.*Lugd.,* 797, in-4, 2 part. en 1 vol., br.—Museum numarium milano-viscontianum. *Traj. ad Rh.,* 782,
in-8, br.

925. Notices sur la rareté des médailles antiques, leur valeur
et leur prix, par Jacob. *Paris,* 828, in-8, pap. vél., br.

926. Const. Landi selectiorum numismatum præcipuè roma-
nor. expositiones. *Lugd.-Bat.,* 695.=P. M. Paciaudi ad
nummos consulares III viri Marci Antonii animadversiones
philologicæ. *Romæ,* 757, in-4, fig., v. m.

927. Selecta numismata antiqua ex museo Petri Seguini. *Lu-*

teliæ-Paris., 666, in-4, fig., v. br.—Selectiora numismata è museo Fr. de Camps, interpretationibus Joa. Vaillant illustrata. *Paris.*, 694, in-4, fig., v. br.

928. Histoire abrégée du cabinet des médailles et antiques de la bibliothèque nationale, par A. L. Cointreau. *Paris*, 800, in-8, fig., bas., fil.

929. Catalogue d'une collection de médailles antiques, faite par la comt^{sse} de Bentinck. *Amst.*, 787, in-4, fig., 3 vol., bas., fil., tr. dor.

930. Jul. Car. Schlœgeri commentatio de numo Alexandri magni. *Hamburgi*, 736. = Lettre du P. Panel, touchant le médaillier de M. Lebret. *Londres*, 737, in-4, fig., bas. m.

931. Regum et imperatorum romanorum numismata, à Romulo et C. Jul. Cæsare usque ad Justinianum Aug., Alb. Rubenii commentario illustrata, nunc publicata Laur. Begeri annotationibus. *Colon. - Brandenb.*, 700, in-fol., fig., vél.

932. Abrah. Gorlæi thesaurus numismatum romanorum ad familias ejus urbis spectantium usque ad obitum Augusti; accessere ejusd. Paralipomena. 605, in-fol., fig., vél.

933. Médales (*sic*) illustrées des anciens empereurs et impératrices de Rome, par J. B. Le Menestrier. *Dijon*, 642, in-4, fig., v, br.

934. Numismata Imperatorum, Augustarum et Cæsarum in coloniis, municipiis et urbibus jure latio donatis, aut. J. F. Vaillant. *Parisiis*, 695, in-fol., 2 part. en 1 vol., v. br.

935. Numismata Imperator. romanorum, à J. Cæsare ad Postumum et tyrannos, per J. Vaillant. *Lutetiæ-Paris.*, 692, in-4, fig., 2 vol., br.

936. Histoire de Carausius, empereur de la Grande-Bretagne, collègue de Dioclétien et de Maximien, prouvée par les médailles. *Paris*, 740, in-4, fig., v. f.

937. Nic. Fr. Haym thesauri Britannici, seu museum numarium quo continentur numi græci et latini necdum editi, interprete Al. Cristiani. *Vindobonæ*, 763, in-4, fig., br. —Innoc. Simonchicz dissertatio de numismatica Hungariæ diplomaticæ accomodata. *Viennæ*, 794, in-8, br.

938. Numismata summorum pontificum templi Vaticani fabricam indicantia, à P. Phil. Bonanni. *Romæ*, 745, in-fol., fig., mar. vert, fil., tr. dor. (*Rel. anc.*)

939. Index numismatum in virorum de rebus medicis aut physicis meritorum memoriam percussorum, auct. Car. Asmund Rudolphi. *Berolini*, 823, in-8, fig., br.

D. MOEURS ET COUTUMES DES ANCIENS.

940. Joh. Nicolai tractatus de siglis veterum. *Lugd.-Bat.*, 706, in-4, v. br. — P. Berthaldi de ara liber. *Nannetis*, 636, in-8, dem.-rel —Alb.Rubenii de re vestiaria veterum lib. II. *Antuerpiæ*, 665, in-4, fig., v. br.

941. B. Balduini calceus antiquus et mysticus, et Jul. Nigronus de caliga veterum. *Lugd. - Bat.*, 711, in-12, fig., dem.-rel.—Ans. Solerius, de pileo.*Amst.*, 672. = Hier. Rossii de toga romana commentarius. *Amst.*, 671, pet. in-12, vél. — Joh. Kirchmanni de annulis liber sing. *Slesvigæ*, 657, in-12, vél.

942. Christ. Schlegelius, de cella veteri. *Dresdæ*, 703, in-4, v. f., fil.—De campanis commentarius à fr. Angelo Rocha. *Romæ*, 612, in-4, dem.-rel.— De mensuris libri III, auth. Jac. Capello. *Francof.*, 607, in-4, v. br.

943. Joh. Kirchmanni de funeribus Romanorum libri IV. *Lugd.-Bat.*, 672, pet. in-12, v. f.—Titi Popmæ de operis servorum liber. *Amst.*, 672, in-12, parch.—Pet. Ciacconius de tricliniis, sive de modo convivandi apud priscos Romanos, etc. 590, pet. in-8, parch.

944. Antiquitatum convivialium lib. III, aut. Jo. Guill. Stuckio. *Tiguri*, 582, in-fol., v. br., fil.

945. Traité historique sur les Amazones, par P. Petit. *Leyde*, 718, in-12, fig., 2 vol., v. br. — Histoire des Amazones anciennes et modernes, par l'abbé Guyon. *Paris*, 740, in-12, fig., 2 part. en 1 vol., dem.-rel.

946. Essai sur la marine des anciens, et particulièrement sur les vaisseaux de guerre, par Deslandes. *Paris*, 768, in-12, fig., v. m.—Nouvelles recherches sur le vaisseau long des anciens, et sur les voiles latines, par Leroi. *Paris*, 786, in-8, v. éc., fil.

947. Recherches sur l'époque de l'équitation et de l'usage des chars équestres chez les anciens, par Fabricy. *Rome*, 764,

in-8, 2 vol., br. — Usage des postes chez les anciens et les modernes (par Lequien de la Neufville). *Paris*, 730, in-12, v. br.

948. J. Rycquii de capitolio romano commentarius. *Gandavi*, 617, in-4, fig., parch. — Jac. Lydii syntagma sacrum de re militari nec non de jure jurando dissertatio philologica, notis illustravit Salomon van Til. *Dordraci*, 698, in-4, fig., vél.

949. J. Lipsii de militia romana lib. V. *Antuerpiæ*, 596, in-4, fig., v. fleurdelisé, tr. dor.

950. Hygini Gromatici et Polybii de castris romanis, quæ extant, cum notis et animadversionib. R. H. S. *Amst.*, 660, in-4, fig., vél.

951. Essai sur les poteries romaines et les nouveaux objets d'antiquité qui ont été trouvés au Mans en 1809, par M Daudin, publ. par M. de Caumont. *Paris*, 829, in-4, fig., br.

E. DIPLOMATIQUE.

952. Dictionnaire diplomatique, ou étymologies des termes des bas siècles, par Montignot. *Nancy*, 787, in-8, br.

953. Dan. Eber. Baringii clavis diplomatica, specimina veterum scripturarum tradens, alphabeta nimirum varia, medii ævi compendia scribendi, notariorum veterum signa perplura…, præmissa est bibliotheca scriptorum rei diplomaticæ. *Hanoveræ*, 754, in-4, fig., br.

954. Diplomatique pratique, par Lemoine. *Metz*, 765, in-4, v. m.

955. Joa. Heumanni de re diplomatica Imperatorum, Imperatricum, ac Reginarum Germaniæ commentarii. *Norimbergæ*, 749, in-4, 3 vol., br.

956. Gudeni codex diplomaticus anecdotorum res moguntinas, francicas, trevirenses, hassiacas, finitimarumque regionum illustrantium. *Francof.*, 743, in-4, 4 vol., br.

957. Table chronologique des diplômes, chartres, titres, etc., concernant l'histoire de France, par Bréquigny, continuée par M. Pardessus. *Paris*, 769-836, in-fol., 4 vol., br.

La fin du tom. 3 est gâtée par l'humidité.

VIII. **HISTOIRE HÉRALDIQUE**.

A. TRAITÉS SUR LA NOBLESSE ET SUR LE BLASON

958. Histoire critique de la noblesse, par Dulaure. *Paris*, 790, in-8, br.
959. Trois traictez, sçavoir : 1° de la noblesse de race, 2° de la noblesse civile, 3° des immunitez des ignobles, par Florentin de Thierriat. *Paris*, 606, pet. in-8, parch.
960. Traité de la noblesse, augmenté des traités du blason, de l'origine des noms et surnoms et du ban et arrière-ban, par de la Roque. *Rouen*, 734, in-4, v. m.
961. Insignium theoria, seu operis heraldici pars generalis, quæ circa insignia, horum originem, scuta eorumque partitiones, metalla, etc., nosse proficuum visum est.... exhibens. — Historia insignium illustrium, seu operis heraldici pars specialis continens delineationem insignium in cultiori Europa, cum explicatione, etc., auct. Ph. Jac. Spenero. *Giessæ*, 717, in-fol., fig., 2 part. en 1 vol., v. br.
962. Traité singulier du blason, par de la Roque. *Paris*, 673, in-12, v. br. — Traité des marques nationales, par de Morange de Peyrins. *Paris*, 739, in-12, br.
963. Jeu d'armoiries des souverains et états d'Europe pour apprendre le blason, par C. Oronce Fine de Brianville. *Amst.*, *s. d.*, pet. in-12, fig., v. br. — Traité historique des armes de France et de Navarre et de leur origine, par de Sainte Marthe. *Paris*, 673, in-12, v. br.
964. Le blason des couleurs en armes, livrées et devises. *Paris, Ant. Hoüic*, 582, pet. in 8, fig. color., br., rog.
965. Origine et pratique des armoiries à la gauloise, par le P. Phil. Monet. *Lyon*, 631, in-4, parch. — L'origine et vraye pratique de l'art du blason, avec le dictionnaire armorial (par le même). *Lyon*, 659, in-4, parch.
966. La science héraldique du blazon. *Paris*, 675, in-4, fig., v. br.
967. Manuel héraldique, ou clef de l'art du blason, par L. F. D. *Limoges*, 816, in-8, fig., br.
968. Dell' armi overo insegne dei nobili, scritte da Felib. Campanile. *Napoli*, 618, in-fol., fig., parch.

969. Essais sur la noblesse de France, par le comte de Boulainvilliers. *Amst.*, 732, in-8, v. br. — Lettres sur l'origine de
la noblesse françoise et sur la manière dont elle s'est con-
servée jusqu'à nos jours. *Lyon*, 762, in-12, v. m., fil.

970. Traité du ban et arrière-ban, par Jacq. de Lalande. *Orléans*, 675, in-4, v. br.

971 Abrégé chronologique d'édits, déclarations, réglemens
concernant le fait de noblesse, précédé d'un discours sur
l'origine de la noblesse, par Chérin. *Paris*, 788, in-12, br.
en cart. —Lettre à M. Chérin sur son Abrégé chronologique,
par Maugard. *Paris*, 788, in-8, bas.

972. La noblesse considérée sous ses divers rapports dans les
assemblées générales et particulières de la nation, par Chérin. *Paris*, 788. ⹀ Dictionnaire des ennoblissemens. *Paris*,
788. ⹀ Remarques sur la noblesse, par Maugard. *Paris*,
788. ⹀ Lettre à M. Chérin, par le même. 788, in-8, 4 vol.,
v. m. — Vues d'un Français sur les preuves de noblesse.
Paris, 816, in-8, br.

973. Armorial universel, mis en ordre par C. Segoing. 654,
in-4, fig., parch.

974. Trésor héraldique, ou mercure armorial, par C. Segoing. *Paris*, 657, in-fol., fig., v. br.

B. HISTOIRE DE LA CHEVALERIE ET DES ORDRES

RELIGIEUX, CIVILS ET MILITAIRES.

975. Histoire des religions ou ordres militaires de l'Eglise et
des ordres de chevalerie, par Hermant. *Rouen*, 698, in-12,
v. br. — Projet de l'histoire générale des religions militaires et des caractères politiq. et séculiers de chevalerie, par
Nic. de Blegny. *Paris*, 694, in-12, v. br.

976. Deliciæ equestrium sive militarium ordinum et eorum-
dem origines, statuta, symbola et insignia, studio et in-
dustria Franc. Mennenii. *Colon.-Agripp.*, 613, pet. in-8,
fig. en bois, vél.

977. De l'origine et de l'institution de divers ordres de chevalerie, par P. de Beloy. *Paris*, 604, pet. in-12, v. br. —
Abrégé historique des ordres de chevalerie anciens et modernes. *Bruxelles*, 776, in-12, br. — Tableau chronol. et

hist. des ordres de chevalerie chez les différ. peuples, par
Lablée. *Paris*, 807, in-12, pap. vél., br.

978. Abrégé chronologique de l'histoire des ordres de chevalerie, par Dambreville. *Paris*, 807, in-8, fig., v. m.

979. La chevalerie et les chevaliers du Temple, de S. Jean
et de Marie, etc. *Stuttgard*, 822, in-8, 3 vol., br. *(En
allem.)*

980. Histoire critique et apologétique de l'ordre des chev. du
Temple de Jérusalem, dits Templiers, par le P. M. J. (Jeune).
Paris, 789, in-4, 2 vol., br.

981. Vite de' gran maestri della sacra religione di S. Giovanni
Gierosolimitano del fra Geron. Marulli. *Napoli*, 636, in-fol.,
v. f., fil.

982. Almanach des chev. des trois vénérables langues de Provence, Auvergne et France. *Malte*, 772, pet. in-8, v. m.

983. Fastes militaires, ou annales des chevaliers des ordres
royaux et militaires de France, par de la Fortelle. *Paris*,
770, in-12, 2 vol., br.

984. Histoire de l'ordre du St.-Esprit, par de Sainte-Foix.
Paris, 776, in-12, 3 vol., v. m.—Recherches historiques de
l'ordre du S.-Esprit. *Paris*, 710, in-12, 2 vol., v. f.

985. Les statuts de l'ordre du S.-Esprit, establý par Henri III
en 1578. *I. R.*, 703, in-4, v. f., dent., tr. dor.

986. Les noms, surnoms, qualités, armes et blasons des chevaliers et officiers de l'ordre du Saint-Esprit, créés par
Louis XIII, le 14 mai 1633, recueillis par d'Hozier. *Paris*,
634, pet. in-fol., fig., vél.

987. Créations des chevaliers de l'ordre du St.-Esprit, faites
par Louis-le-Grand, ou armorial historique des chevaliers
de l'ordre, par F. de la Pointe. *Paris*, 689, in-4, fig., v. br.

988. Armorial historique des chevaliers de l'ordre du Saint-
Esprit de la création de Louis-le-Bien-Aimé, très-exacte-
ment dessiné, peint et blazonné par dem[lle] Marie-Jeanne
Denys, armoriste. 770, in-4, 2 vol., fig. color., v. m.
Manuscrit.

989. Petr. Saulnier de capite sacri ordinis Sancti Spiritus dissertatio. *Lugduni*, 649, in-4, fig., vél.

990. Histoire de l'ordre de St.-Louis, par d'Aspect. *Paris*,
780, in-8, 3 vol., br.

991. Mémoires historiques concernant l'ordre de St.-Louis, et
l'institution du Mérite militaire (par Meslin). *Paris*, *I. R.*,
785, in-4, v. m., fil.

992. De la gloire de l'aigle, emblème, symbole, enseigne militaire et décoration chez les anciens et les modernes, par
Chazot. *Paris*, 809, in-8, br. — Annuaire de la Légion-
d'Honneur pour 1805, par Lavallée et Perrote. *Paris*, 805,
in-8, dem.-rel.

993. La Toison d'Or, ou recueil des statuts et ordonnances
du noble ordre de la Toison d'Or. *Cologne*, 689, in-12, v.
f., fil. — Le mausolée de la Toison d'Or, ou les tombeaux
des chefs et des chevaliers du noble ordre de la Toison d'Or.
Amst., 689. in-12, v. br.

994. Insignia gentilitia equitum ordinis velleris aurei fecia-
lium verbis enuntiata, à Jac. Chiffletio. *Antuerpiæ*, 632,
in-4, parch.

995. Catalogue des chevaliers de l'ordre du Collier de Savoye
dict de l'Annonciade, avec leurs noms, surnoms, qualitez,
armes et blasons, par François Capre. *Turin*, 654, gr. in-
fol., fig., v. m.

996. Historia de las ordenes militares de Santiago, Calatrava
y Alcantara..., ordenada por Franc. Caro de Torres. *Madrid*,
629, pet. in-fol., v. f., fil.

997. Breviarium equestre seu de equestri ordine elephantino
tractatus, à Jano Bircherodio. *Hauniæ*, 704, in-fol., fig.,
v. br.

998. Histoire des ordres de Notre-Dame du Mont-Carmel et de
St.-Lazare de Jérusalem, par Gautier de Sibert. *Paris*, 772,
in-4, fig., v. m.

C. HISTOIRE GÉNÉALOGIQUE.

§ 1. GÉNÉRALITÉS.—MAISON ROYALE DE FRANCE.

999. Les généalogies historiques des rois, empereurs, etc.,
et de toutes les maisons souveraines qui ont subsisté jusqu'à
présent (par Chasot de Nantigny). *Paris*, 736, in-4, fig., 4
vol., v. m.

1000. Histoire généalogique des maisons souveraines de l'Europe depuis leur origine, par V. *Paris*, 811, in-8, fig., 2
vol., et atlas, cart.

1001 Le palais de la gloire, contenant les généalogies historiques des illustres maisons de France, et de plusieurs nobles. familles de l'Europe. 664, in-4, v. br.

1002. Le palais de l'honneur, ou les généalogies historiques des illustres maisons de France et de plusieurs nobles familles de l'Europe, par le P. Anselme. *Paris*, 668, in-4, fig., v. br.

1003. Excellentium familiarum in Gallia genealogiæ, notis historicis illustratæ, auct. Jac. Wilh. Imhoff. *Norimbergæ*, 687, in-fol., fig., v. br.

1004. 2 vol. in-fol. ms., contenant les généalogies d'un grand nombre de familles de France.

Atteints par l'humidité.

1005. Les familles de France illustrées par les monumens des médailles anciennes et modernes, par Jacq. de Bie. *Paris*, 636, in-fol., fig., v. f.

1006. Armorial général de la France, registre 1 et 2 (par d'Hozier). *Paris*, I. R., 821, in-4, 2 vol., br.

1007. Dictionn. univ. de la noblesse de France, par de Courcelles. *Paris*, 820, in-8, 5 vol., br.

1008. Tableau de la noblesse, par Waroquier. *Paris*, 786, pet. in 12, 9 vol., br.

1009. Noms féodaux, ou noms de ceux qui ont tenu fiefs en France, depuis le XIIe siècle jusqu'au XVIIIe. *Paris*, 826, in-8, 2 vol., br.

1010. Calendrier des princes et de la noblesse (par de la Chesnaye des Bois), pour les ann. 1762 à 1769. *Paris*, pet. in-12, 7 vol., v. m.

1011. Histoire généalog. de la maison de France, par le P. Anselme. *Paris*, 712, in-fol., tom. 1 à 2, v. br.

1012. Généalogie de la maison royale de Bourbon, par Ch. Bernard. *Paris*, 646, in-fol., fig., parch.

1013. Recherches historiques sur les alliances royales de France et de Savoye, par le P. Monod. *Lyon*, 621, in-4, parch.

1014. Explication de la généalogie de Henri IV, par le P. F. Jos. Texere, trad. du latin en franç. par C. de Heris, dict Coqueriomont. *Paris*, 595, in-4, parch.

1015. La véritable origine de la seconde et troisième lignée de la maison roy. de France, justifiée par plusieurs chroniques, par Dubouchet. *Paris*, 646, in-fol., v. f.

1016. La descente généalogique depuis S. Louis de la royale maison de Bourbon, par H. Montagu de la Coste. *Paris*, 609, pet. in-12, v. br. — De la noblesse, ancienneté, remarques et mérites d'honneur de la 3ᵉ maison de France, par Nic. Viguier. *Paris*, 587, pet. in-8, v. br.—La critique de l'origine de l'auguste maison de France, par le P. Ad. Jourdan. *Paris*, 683, in-12, v. br.

§ 2. GÉNÉALOGIES LOCALES.

1017. Statuts et privilèges de la noblesse franche et immédiate de la Basse-Alsace *Strasbourg*, 713, in-fol., cart. (*Allem. et franç.*)

1018. Procez-verbal de la recherche de la noblesse de Champagne, fait par de Caumartin. *Châlons*, 673, in-8, v. br.

1019. Histoire généalogique des Dauphins de Viennois, depuis Guignes Iᵉʳ jusqu'à Louis V, avec blasons, par Gaya. *Paris*, 683, in-12, v. br.

1020. Recueil des titres, qualités, blazons et armes des seigneurs barons des états gén. de Languedoc, tenus en 1654. In-fol., fig. color., parch.

1020 *bis*. Armorial des estats du Languedoc, enrichi des élémens de l'art du blason, gravé et recueilli par J. Beaudeau. *Montpellier*, 686, in-4, fig., v. br.

1021. Etat chronologique des noms et armoiries de nosseigneurs les officiers de la cour du parlement de Provence, depuis son établissement jusqu'à présent. 713, in-4, fig., v. br.

1022. Généalogie des comtes de Provence, par Fr. Dufort. *Aix*, 598. = Discours du duché de Buillon et du rang des ducs de Buillon en France, depuis 1577. Pet. in-4, mar. rou., fil., tr. dor. (*Rel. ancienne. Aux armes.*)

1023. Traité de la noblesse des capitouls de Toulouse (par de la Faille). *Toulouse*, 707, in-4, bas.

1024. La Toscane françoise, contenant les éloges histor. et généalog. des princes, seigneurs et grands capitaines de la Toscane, par J. B. l'Hermite de Soliers, dit Tristan. *Paris*, 641, in-4, fig. color., v. br.—La Catelogne françoise (par P. de Caseneuve). *Toulouse*, 644, in-4, vél.

1025. Chronologie historique des comtes de Genevois, par Levrier. *Orléans*, 787, in-8, 2 tom. en 1 vol., v. m.

1026. Recueil de la noblesse de Bourgogne, Limbourg,

Luxembourg, Flandres, Artois, etc., par J. Le Roux. *Lille*,
715, in-4, v. br.

1027. Les généalogies historiques des rois, ducs, comtes, etc.,
de Bourgogne. *Paris*, 738, in-4, v. f.

1028. Catalogues et armoiries des gentilshommes qui ont eu
séance aux états de Bourgogne, de 1548 à 1682. *Dijon*, 760,
in fol., fig., v. m., fil., tr. dor.

§ 3. FAMILLES PARTICULIÈRES. — GÉNÉALOGIES SPÉCIALES.

1029. Histoire généal. de la maison de Beauvau, par Scévole
et Louis de Saincte-Marthe. *Paris*, 626, in-fol., fig., parch.

1030. Généalogie de la maison de Belloy. *Paris*, 747, in-4,
v. m.—Recueil sommaire et généalogique des anciennes et
illustres maisons de Mortemart, de Saulx et leurs alliances.
Poictiers, 622, in-4, parch.

1031. Histoire généal. de la maison de Béthune, par A. Duchesne. *Paris*, 639, in-fol., fig., v. br.

1032. Histoire généalogique des comtes de Chamilly de la
maison de Bouton au duché de Bourgongne, par P. Palliot.
Dijon, 671, in-fol., mar. rou., fil., tr. dor.

1033. Généalogie de la maison de Champagné. *S. d.*, in-fol.,
fig., cart. — Recueil des titres de la maison d'Estouteville.
744, pet. in-4, v. m.

1034. Histoire généal. de la maison des Chasteigners, par A.
du Chesne. *Paris*, 634, in-fol., fig., v. br.

1035. Histoire généal. de la maison du Chatelet, par le P.
Dom Aug. Calmet. *Nancy*, 744, in-fol., fig., mar. rou.,
dent., tr. dor.

1036. Histoire de la maison de Chastillon-sur-Marne, avec les
généalogies des anciens comtes de S. Paul, de Blois, de Flandres, etc., par A. Duchesne. *Paris*, 621, in-fol., fig., v.

1037. Preuves de l'histoire de la maison de Coligny, par du
Bouchet. *Paris*, 660, in-fol., v. br.

1038. Histoire généal. de la maison roy. de Dreux et de quelques autres familles qui en sont descendues, par A. Duchesne. *Paris*, 634, in-fol., fig., gr. pap., v. br.

1039. Histoire généal. de la maison de Gondi, par de Corbi-
nelli. *Paris*, 705, in-4, fig., 2 vol., v. br.

1040. Considérations historiques sur la généalogie de la mai-

son de Lorraine, par Chantereau Lefebvre. *Paris*, 642, in-
fol., v. m.

1041. Extrait de la généalogie de la maison de Mailly. *Paris*,
757, in-4, v. f., fil., tr. dor.

1042. Histoire généal. de la maison de Montmorency et de
Laval, par A. Duchesne. *Paris*, 624, in-fol., fig., v. f.

1043. Histoire généal. de la maison de Vergy, par A. Duchesne. *Paris*, 625, in-fol., fig., v. br.

1044. Histoire généal. de la maison de Sainte-Colombe (par
Cl. le Laboureur). *Paris*, 673, in-8, fig., br.

1045. S. Bernardi genus illustre assertum, curà et studio Fr.
Chiffletii. *Divione*, 660, in-4, dem. cuir de Russie.

1046. Catalogue des noms, surnoms, faits et vies des conne-
tables, chanceliers, grands maîtres, amiraux, maréchaux de
France, ensemble des prévôts de Paris, par J. Leféron. *Paris*,
598, in-fol., fig., v. f.

1047. Le même, augmenté, par Morel. *Paris*, 628, in-fol.,
fig., parch.

1048. Gouverneurs, lieutenans de roy, prévôts des marchands,
échevins, procureurs, avocats du roy, greffiers, receveurs,
conseillers et quarteniers de la ville de Paris. In-fol., v. m.,
dent., tr. dor.

1048 *bis*. Gouverneurs, capitaines, lieutenans-généraux, pré-
vost des marchands, échevins, procureurs du roy, greffiers,
receveurs, conseillers, quarteniers de la ville de Paris, par
Chevillard.

> Recueil d'armoiries découpées, coloriées et réunies et 1 vol. in-fol.,
> veau gr.

1049. Armorial de la chambre des comptes, depuis 1506, par
Mlle Denys. *Paris*, 769, pet. in-4, fig. color., 2 vol., dem.-
rel.

§ 4. GÉNÉALOGIE DE FAMILLES ÉTRANGÈRES.

1050. Della origine et de' fatti delle famiglie illustri d'Italia
di Fr. Sansovino. *Vinegia*, 582, in-4, v. br.

1051. Genealogiæ viginti illustrium in Italia familiarum, in
tres classes divisæ, exegesi historica perpetua illustratæ in-

signiumque iconibus exornatæ, aut. G. Imhoff. *Amst.*, 710,
in-fol., v. br.

1052. Discorsi delle famiglie nobili del regno di Napoli, da
Carlo de Lellis. *Napoli,* 654, in-4, fig., v. m. —· Della fa-
miglia Fiesca, da Fed. Federici. (*S. l. n. d.*), in-fol., vél.

1053. Nobleza del Andaluzia. *Impresso en Sevilla, por Fer-
nando Diaz, año de* 1588, in-fol., fig., v. f., dent., tr. dor.

1054. Nobiliario de D. Pedro conde de Bracelos hijo del rey
D. Dionis de Portugal, ordenado y ilustrado con notas, por
Juan Bart. Lavana. *Roma,* 640, in-fol., gr. pap., v. f.

Exempl. de De Thou.

1055. Cronico de la casa de los Ponçes de Leon, por Salazar
de Medoça. *Toledo,* 620, in-4, parch.

1056. Relaciones genealogicas de la casa de los marqueses de
Trocifal, condes de Torresuedras..., por D. Ant. Suarez de
Alarcon. *Madrid,* 656, pet. in-fol., parch.

1057. Jac. Guil. Imhofii stemma regium Lusitanicum sive
historia genealogica familiæ regiæ Portugallicæ. *Amst.*,
728, in-fol., fig., parch.

1058. Debrett's correct peerage of England, Scotland and Ireland, with the extinct and forfeited peerages of the three
kingdoms. *London,* 814, in-18, fig., 2 vol., v. gr.

1059. Les généalogies et anciennes descentes des forestiers et
comtes de Flandre, avec brieves descriptions de leurs vies
et gestes, par Corneille Martin, et ornées de portraits et figures, par P. Balthasar. *Anvers, P. Balthasar, s. d.*, pet.
in-fol., v. br. (*Fatigué.*)

1060. Généalogies de quelques familles des Pays-Bas. *Amst.*,
774, in-8, fig., br. — Recueil généal. des familles origi-
naires des Pays-Bas ou y établies. *Rotterdam,* 775, in-8,
2 vol., br.

1061. Recherche des antiquitez et noblesse de Flandres, par
Phil. de L'Espinoy, *Douay,* 631, in-fol., fig., v. br., fil.

1062. Jac. Wilh. Imhofii notitia S. rom. germanici imperii
procerum tum ecclesiasticorum quam secularium historico-
heraldico-genealogica. *Stutgardiæ,* 699, in-fol., rel. en
bois.

1063. Domus austriaca, sive de origine, antiquitate ac nobi-
litate austriacæ familiæ, aut. Didaco de Lequile. *Œniponti,*
660, in-fol., fig., 3 part. en 1 vol., v. br.

IX. HISTOIRE MODERNE.

A. GÉNÉRALITÉS.

1064. Introduction à l'histoire générale de l'univers, par Puffendorf, revue par M. de Grace. *Paris*, 753-59, in-4, fig., 8 vol., v. éc., fil., tr. dor.

1065. Histoire universelle et diplomatique, par Weguelin. *Berlin*, 777, in-4, 2 vol., br.

1066. Conradi à Liechtenaw urspergensis cœnobii chronicon rerum germanicarum et gallicarum; accesserunt annales Rheginonis abbatis brunniensis et Lamberti schaffnaburgensis monachi. *Argentorati*, 606, in-fol., v. br.

1067. Histoire des choses les plus mémorables advenues en l'Europe depuis l'an 1130 jusques à notre siècle, par P. Collins. *Tournay*, 643, in-4, v. br.

1068. Pauli Jovii historiarum sui temporis lib. XLV. *Florentiæ*, 550, in-fol., 2 vol., v. f.

1069. Pii secundi pontif. max. commentarii rerum memorabilium quæ temporibus suis contigerunt, à D. Joa. Gobellino compositi et à D. Fr. Bandino Picolomineo recogniti. *Francofurti*, 614, in-fol., v. br.

1070. Jac. Aug. Thuani historiarum sui temporis lib. LXXX de CXLIII. *Lutetiæ, Rob. Stephanus*, 618, in-fol., v. f.

> On a ajouté des remarques mss.

1071. Histoire de la rivalité de la France et de l'Angleterre, par Gaillard. *Paris*, 774-77, in-12, 11 vol., v. f.

1072. Peristromata turcica, sive dissertatio emblematica, præsentem Europæ statum ingeniosis coloribus repræsentans. *Lutetiæ-Paris., primùm apud Toussaint du Bray, s. a.*, pet. in-4, fig., dem. cuir de Russie.

1073. Histoire générale de l'Europe depuis la naissance de Charles-Quint, par Rob. Macquereau. *Louvain*, 765, in-4, dem.-rel.

1074. Mémoires secrets tirés des archives des souverains de l'Europe, depuis le règne de Henri IV. *Paris*, 767, in-12, 50 tom. en 25 vol., v. f., fil., tr. dor.

1075. La politique du cardinal Portocarero découverte, suivie

de trois entretiens de M. Colbert avec Bouin sur le partage
de la monarchie d'Espagne et de plusieurs choses remarquables arrivées en France sous le règne de Louis XIV.
Madrit (sic), *Pierre Marteau*, 704, pet. in-8, 3 vol., v. f.

1076. Congrès politique ou entretiens libres des puissances
de l'Europe sur le bal général prochain. *Londres*, 772, in-8,
br.— Lettres de M. Fitz-Moritz sur les affaires du tems, trad.
de l'angl., par de Garnesai. *Rotterd.*, 718, in-12, v. f,, fil.

1077. L'espion dans les cours des princes chrétiens (l'Espion
turc). *Amst.*, 756, in-12, 9 vol., v. m.—L'espion chinois.
Cologne, 783, in-12, 6 vol., v. m.

1078. Histoire de l'Europe, par Krause. *Halle*, 789, in-8,
11 vol., dem.-rel. *(En allem.)*

1079. Précis de l'histoire politique et militaire de l'Europe
depuis 1783 jusqu'à 1814, par J. Bigland, trad. par Mac-
Carthy. *Paris*, 819, in-8, 3 vol., br.

B. HISTOIRE MILITAIRE. — TRAITÉS DE PAIX. —
NÉGOCIATIONS.

1080. Histoire de la guerre présente et des négociations pour
la paix, avec la vie du prince Eugène de Savoye, par Massuet.
Amst., 737, in-12, 5 vol., v. f.

1081. Introduction à l'histoire de la guerre en Allemagne en
1756, ou mémoires historiques et politiques du gén. Lloyd,
trad. de l'angl. par un officier français. *Londres*, 784, in-4,
fig., v. f.

1082. Histoire de la guerre d'Allemagne de 1756, trad. de
l'angl., de Lloyd, par Roux-Fazillac. *Paris*, an xi, in-8, 2
vol., br.

1083. Recueil des traictés de confédération et d'alliance entre
la couronne de France et les princes et estats estrangers, depuis 1621. *(A la Sphère)*, 672, in-12, v. br.

1084. Histoire des traités de paix et autres négociations du
XVII.e siècle. *Amst.*, 725, in-fol., 2 vol., v. br.

1085. Les intérêts présens des princes de l'Europe, fondés sur
les traités... et sur les preuves de leurs prétentions particulières, par J. Roussel. *La Haye*, 733, in-4, 5 vol., v. f.

1086. Les mêmes. In-12, 15 vol., v. m.

1087. Recueil d'actes et négociations, mémoires et traités de paix, par Rousset. *La Haye*, 728-55, in-12, 25 vol., br.

1087 *bis*. Histoire des négociations de Nimègue. *Paris*, 680, in-12, 2 vol., v. br.—Actes et mémoires des négociations de la paix de Nimègue. *La Haye*, 697, in-12, 4 vol. en 7 part., v. br. — Recueil de tous les traités accordés à Munster et à Osnabruck. 650, in-16, vél.

1088. Négociations secrètes touchant la paix de Munster et d'Osnabrug. *La Haye*, 725, in-fol., gr. pap., 4 vol., v. br.

1089. Mémoire historique concernant la négociation de la paix traitée à Vervins. *Paris*, 667, pet. in-12, 2 vol., parch. — Mémoires politiques pour servir à l'histoire de la paix de Ryswick, par Du Mont. *La Haye*, 699, in-12, 2 vol., v. br.—Actes et mémoires des négociations de la paix de Ryswick. *La Haye*, 697, in-12, 4 vol., v. br.—Actes, mémoires et autres pièces concernant la paix d'Utrecht. *Utrecht*, 714, in-12, 3 vol., bas.

1090. Histoire des négociations pour la paix conclue à Belgrade en 1739, par Laugier. *Paris*, 768, in-12, 2 vol., v. f.—Histoire du traité de Westphalie, par le P. Bougeant. *Paris*, 754, in-12, 6 vol., v. m.

1091. Histoire abrégée des traités de paix entre les puissances de l'Europe depuis la paix de Westphalie, par de Koch, augmenté par Schœll. *Paris, Gide*, in-8, tom. 8 à 15, 8 vol., br.

1092. Motifs des guerres et des traités de paix de la France de 1646 à 1783, par Anquetil. *Paris*, an vi, in-8, br.

1093. Lettres, mémoires et négociations du comte d'Estrades. *La Haye*, 719, in-12, 6 vol., v. f.

1094. Lettres et négociations du marquis de Feuquières. *Amst.*, 753, in-12, 3 vol., v. éc., fil. — Lettres et négociations de Jean de Witt, de 1652 à 1669. *Amst.*, 725, in-12, 5 vol., v. m.—Mémoires et négociations secrètes du comte d'Harrach, par de la Torre. *La Haye*, 737, in-12, 2 tom. en 1 vol., parch.

1095. Politique de tous les cabinets de l'Europe pendant les règnes de Louis XV et Louis XVI, par Ségur. *Paris*, 801, in-8, 3 vol., dem.-rel.—Les quatre concordats, par M. de Pradt. *Paris*, 818, in-8, 3 vol., v. vert, fil.

C. HISTOIRE DE L'ANCIENNE GAULE.

1096. La Germanie, trad. de Tacite par Panckoucke. *Paris*, 824, in-8, et atlas in-4, br.

1097. Histoire des Celtes et particulièrement des Gaulois et des Germains, par Pelloutier, revue par de Chiniac. *Paris*, 770, in-12, 8 vol., v. rac., fil.

1098. La même. *Paris*, 771, in-4, 2 vol., v. m.

1099. Histoire des Gaulois, par Picot. *Genève*, 804, in-8, 3 vol., br.

1100. Mémoire et plan de travail sur l'histoire des Celtes ou Gaulois, par M. de Fortia d'Urban. *Paris*, 807, in-12, br. — État de la Gaule au V⁰ siècle, à l'époque de la conquête des Francs (par Fournel). *Paris*, 805, in-12, 2 vol., br.

1101. Histoire de la Gaule, par Serpette de Marincourt. *Paris*, 822, in-8, 3 vol., br.

1102. Histoire ancienne des Francs (par Pierre le Roi.) *Paris*, *Chaubert*, 753, in-12, v. m.

Tome Iᵉʳ, le seul qui ait paru.

1103. Nouvelles découvertes sur l'état de l'ancienne Gaule au temps de César (par de Mandajors). *Paris*, 696, in-12, v. br. — Mémoires pour servir à l'histoire des Gaules et de la France, par Gibert. *Paris*, 744, in-12, v. m.

1104. Mémoires des Gaules depuis le déluge jusqu'à l'établissement de la monarchie françoise, par Sc. Dupleix. *Paris*, 619, in-4, v. f.

1105. Les antiquitez et histoires gauloises et françoises, recueillies par le présid. Fauchet. *Genève*, 611.==Origines des dignitez et magistrats de France, par le même. *Genève*, 611, in-4, parch.

1106. Epitome de l'antiquité des Gaules et de France, par G. du Bellay de Langey. *Paris*, 556, in-4, parch.

1107. Recherches sur les origines celtiques, principalement sur celles du Bugey, considéré comme berceau du delta celtique, par Bacon-Tacon. *Paris*, an vi, in-8, fig., 2 vol., bas., fil.

1108. Description de la Gaule belgique selon les trois âges

de l'histoire, par Ch. Wastelain. *Lille*, 761 , in-4°, cartes,
v. m.

1109. Les antiquitez de la Gaule belgique, royaulme de
France, Austrasie et Lorraine, depuis J. César jusqu'à la
mort de François Ier, par Rich. de Wassebourg. *Paris*, 549,
in-fol., **2** part. en **1** vol., v.

> Exempl. fatigué, surtout les 4 premiers feuillets.

1110. Le réveil de l'antique tombeau de Chindonax, prince
des Vacies, druides, Celtiques, Dijonnois; avec les cérémonies des anciennes sépultures, brièvement réparties, par J.
Guenebault. *Paris*, 623, pet. in-4, fig., v. rac., fil.

1111. Monuments religieux des Volces-Tectosages, des Ga-
rumni et des Convenæ, ou fragmens de l'archéologie py-
rénéenne, et recherches sur les antiquités du département
de la Haute-Garonne, par A. L. Ch. André du Mège. *Toulouse*, 814, in-8, fig., br.

1112. Les monumens de la monarchie française, par le P. de
Montfaucon. *Paris*, 729-33, in-fol., fig., 5 vol., v. m.

> Quelques planches ont des déchirures.

1113. Antiquites nationales, par Millin. *Paris*, 790, in-fol.,
fig., 5 vol., br.

D. HISTOIRE DE FRANCE.

§. 1. INTRODUCTION. — HISTOIRE GÉNÉRALE.

1114. Plan de l'histoire générale et particulière de la monarchie françoise, par Lenglet Dufresnoy. *Paris*, 753, in-12,
3 vol., v. m. — Dissertation sur la mythologie françoise et
sur plusieurs points curieux de l'histoire de France, par
Bullet. *Paris*, 771, in-12, v. m.

1115. Mémoires historiques et critiques sur divers points de
l'Histoire de France, etc., par Mezeray. *Amst.*, 753, in-12,
2 tomes en 1 vol., dem.-rel. — Mélanges historiques et critiques, contenant diverses pièces relatives à l'histoire de
France, par Damiens de Gomicourt. *Paris*, 768, in-12,
2 vol., bas.

1115 *bis.* Serments prêtés à Strasbourg en 842 par Charles-
le-Chauve, Louis-le-Germanique, et leurs armées respectives,

extraits de Nithard , trad. en franç. av. des notes , par de
Mourcin. *Paris*, 815, in-8, cart.

1116. Traitez concernant l'histoire de France; savoir, la condamnation des Templiers , l'histoire du schisme et quelques procès criminels, par Dupuy. *Paris*, 700 , in-12 , v.
br. — Recueil de pièces intéressantes pour servir à l'histoire
de France, et autres morceaux trouvés dans les papiers de
l'abbé de Longuerue. *Genève*, 769 , in-12, v. éc.

1117. Desseins de professions nobles et publiques, contenant
plusieurs traités divers et rares avec l'histoire de la maison
de Bourbon, par Ant. de Laval. *Paris*, 612, in-4, v. br.

1118. Collection des meilleures dissertations, notices et traités
particuliers relatifs à l'histoire de France, par MM. Leber,
Salgues et J. Cohen. *Paris , Dentu*, 826, tom. 6, 8 et 11,
in-8, 3 vol., br.

1119 Corpus franciæ historiæ veteris et sinceræ. *Hanoviæ*
hæredes Joa. Aubrii, 613, in-fol., v. br.

1120. P. Æmilii de rebus gestis Francorum lib. X. *Paris.*, 539,
in-fol., v.

1121. Aimoini monachi lib. V de gestis francorum ; chronicon casinense Leo. Marsicani, omnia studio Jac. du Breuil
edita. *Paris.*, 602 , in-fol., v. br.

1122. Roberti Cœnalis Gallica historia. *Paris.*, 557, in-fol.,
parch.

1123. Annalium et historiæ Francorum ab 708 ad 990, scri-
tores cœtanei XII. *Paris.*, 588, in-8, v. br.

1124. Histoire de France, par Mezeray. *Paris, Guillemot*, 643,
in-fol., fig., 3 vol., v. ant., fil., tr. dor.

Exemplaire complet.

1124 *bis*. Le véritable inventaire de l'histoire de France, illus-
tré par la conférence de l'Eglise et de l'empire, par Jean de
Serres. 648, in-fol., gr. pap., 2 vol., v. br.

1125. Le recueil ou chroniques des histoires des royaumes
d'Austrasie ou France orientale, dite à présent de Lorraine,
de Hierusalem, de Cicile et de la duché de Bar..., par Cham-
pier. *Lyon*, 509, fig. en bois., goth.=L'ordre de chevalerie
composé par un chevalier, lequel, dans sa vieillesse, fut he-
mite. *Lyon*, 509, pet. in-8, goth., vél.

1126. Histoire de France, représentée par figures, accompagnées d'un précis historique, par David et Caillot. *Paris*,
817, in-8, 4 vol., bas. rac.

1127. Histoire de France et l'origine de la maison royale, par le P. Adr. Jourdan. *Paris*, 679, in-4, 2 vol., v. br.

1128. Observations sur l'histoire de France, par Mably. *Kehl*, 788, in-12, 6 vol., v. m.

1129. Recherches sur les prérogatives des dames chez les Gaulois, sur les cours d'amour, etc., par le prés. Rolland. *Paris*, 787, in-12, bas. rac.

§ 2. HISTOIRE GÉNÉRALE DES ROIS DE FRANCE.

1130. Fleur de la maison de Charlemagne…, contenant les faits de Pépin et ses successeurs, depuis 751 jusqu'en 840 recueillie par le présid. Fauchet. *Paris*, 602. ═Déclin de la maison de Charlemagne…, depuis 840 jusqu'en 987, rec. par le même. *Paris*, 602, in-8, v. f.

1131. Les antiquités de la maison de France, et des maisons mérovingienne et carlienne, par Gilb. Charles Legendre. *Paris*, 739, in-4, v. f., fil.

1132. Les Mérovingiens et la France sous cette dynastie. *Paris*, 816, in-8, 2 vol., br.

1133. Histoire des neuf rois Charles de France, contenant la fortune, vertu et heur fatal des rois qui sous ce nom de Charles ont mis à fin des choses merveilleuses, par Franç. de Belleforest. *Paris*, 568, in-fol., v. m., fil.

1134. La France métallique, contenant les actions célèbres tant publiques que privées des rois et des reines, par Jacq. de Bie. *Paris*, 636, in-fol., fig., v.

1135. Recueil des rois de France, leur couronne et maison, par Du Tillet. *Paris*, 607, in-4, fig., parch.

1136. De l'excellence des roys, et du royaume de France, par H. B. (Hiér. Bignon). *Paris*, 610, pet. in-8, dem. v.

1137. La véritable origine de la seconde et troisième lignée de la maison royale de France, par du Bouchet. *Paris*, 646, in-fol., v.

1138. Histoire de la maison de Bourbon, par Desormeaux. *Paris*, I. R., 772, in-4, fig., 5 vol., v. éc., fil., tr. dor.

1139. Portraits des rois de France, par Mercier. *Neufchatel*, 783, in-8, 4 vol., br. — Tablettes historiques et anecdotes des rois de France, par Dreux du Radier. *Paris*, 786, in-12,

3 vol., v. m.—Mémoires historiques, critiques et anecdotes des reines et régentes de France, par le même. *Amst.*, 776, in-12, 6 vol., br.

1140. Effrayante histoire des crimes horribles qui ne sont communs qu'entre les familles des rois, par Mopinot. *Paris*, 793, in-8, br. — Les crimes des rois de France, par Lavicomterie. *Paris*, 791, in-8, br.—Les crimes des reines de France, par Prudhomme. *Paris*, 791, in-8, fig., bas.

1141. Amours des rois de France sous plusieurs races. In-fol., br.

> Cette pièce qui fait partie des antiquités de Paris, par Sauval, ne se trouve que dans un petit nombre d'exemplaires, ayant été supprimée au moment où ce livre a paru.

1142. Galanteries des rois de France (par Vanel). *Cologne, P. Marteau (Paris)*, 753, pet. in-12, fig., 3 vol., br.

§ 3. HISTOIRE PARTICULIÈRE DE FRANCE.

1143. Histoire du règne de Charlemagne, par de la Bruère. *Paris*, 745, in-12, 2 vol., br.— La même, trad. de l'allem. de Hegewisch. *Paris*, 805, in-8, br.

1144. La même, par Eginhart, trad. nouvelle, par D*** (Denise). *Paris*, 812, in-12, pap. vél., br. — Coup-d'œil philosophique sur le règne de S. Louis, par Manuel. *Damiette*, s. d., in-8, dem.-rel.

1145. Histoire de Charles VII, par J. Chartier et autres, mise en lumière par Denys Godefroy. *Paris*, 661, in-fol., v. br.

1146. Ordre des estats tenus à Tours sous Charles VII durant sa minorité. *Paris, Vinc. Sertenas*, 1493 *(sic)*, in-8, vél.

1147. Chronique scandaleuse ou histoire des estranges faicts arrivez soubs le règne de Louys XI, par un greffier de l'Hôtel-de-Ville (Jean de Troyes). 620, in-4, parch.

1148. Histoire de Loys XI, de 1460 à 1483, autrement dicte la chronique scandaleuse (par J. de Troyes). 620, in-4, parch.

1149. Histoire de Louis XI, par Duclos. *Paris*, 745, in-12, 3 vol., v. m.—Histoire et règne de Louis XI, par Mlle de Lussan. *Paris*, 755, in-12, 6 vol., br.

1150. Le règne de Louis XI et son influence sur les derniers temps de la 3ᵉ dynastie, par Al. Dumesnil. *Paris*, 811, in-8, br.—Discours historique sur le caractère et la politique de Louis XI, par un citoyen de la section du Théâtre Français. *Paris*, an II, in-8, br.

1151. Mémoire pour servir à l'histoire de France et de Bourgogne, contenant un journal de Paris sous les règnes de Charles VII et Charles VIII. *Paris*, 729, in-4, v. br.

1152. Relations des ambassadeurs vénitiens sur les affaires de France au XVIᵉ siècle, recueillies et trad. par Tommaseo. *Paris*, I. R., 838, in-4, 2 vol., br.

1153. Mémoires de l'estat de France sous Charles IX. *Meidelbourg*, 578, in-8, 3 vol., v. br., fil., tr. dor.

1154. Mémoires pour servir à l'histoire de France depuis 1515, jusqu'en 1611. *Cologne*, 719, pet. in-8, fig., 2 vol., v. f. *(Mouillé.)*

1155. Recueil des choses mémorables faictes et passées pour le fait de la religion et estat de ce royaume, depuis la mort du roy Henry II, jusques au commencement des troubles. 565, in-16, 3 tom. en 6 vol., v. f.

1156. Journal des choses mémorables advenues durant le règne de Henri II. *Cologne*, 746, in-8, 3 vol., bas. m. — Recueil de diverses pièces servant à l'histoire de Henri III. *Cologne*, 699, in-12, 2 vol., v. br.

1157. Histoire de Henri III, par Sc. Dupleix. *Paris*, 630, in-fol., v.

1158. Journal des choses mémorables advenues durant tout le règne de Henry III. 621, pet. in-8, v. m. — Description de l'isle des Hermaphrodites, pour servir de supplém. au journal de Henri III. *Cologne*, 726, in-8, v. br.

1159. Recueil de tout ce qui s'est négotié en la compagnie du tiers-estat de France en l'assemblée générale des trois estats assignez par le roy en la ville de Blois, au XV novemb. 1576. 577, pet. in-12, vél.—Recueil de pièces relatives aux états tenus à Blois en 1588. In-4, vél.

1160. H. C. Davilæ de bello civili gallico historiarum lib. XV, ex Italicis latinos reddidit Pet. Franc. Cornazanus. *Romæ*, 735, in-fol., 3 vol., br.

1161. Histoire des choses plus mémorables advenues sous la ligue (par S. Goulart), 580-99, pet. in-8, 6 vol., parch.

1162. Histoire de la ligue, par le P. Maimbourg. *Paris*, 686, in-4, v. br.

1163. L'esprit de la ligue, par Anquetil. *Paris*, 771, in-12, 3 vol., v. m.

1164. Mémoires de la ligue. *Amst.*, 758, in-4, 6 vol., v. m.

1165. Le labyrinthe de la ligue et les moyens de s'en retirer, par A. D. L. P. A. S. 590, pet. in-8, mar. citr., fil., tr. dor. *(Rel. anc.)*

1166. Second advertissement des catholiques anglois, aux Français catholiques et à la noblesse qui suit à présent le roy de Navarre (par Louis d'Orléans). *Paris*, 590, in-8, mar. rou.

1167. Le réveille-matin des François et de leurs voisins, composé par Eusèbe Philadelphe (Théod. de Beze). *Edimbourg*, 574, pet. in-8, parch.—La légende de Charles, cardinal de Lorraine, par François de L'Isle. *Reims*, 576, pet. in-8, vél.

1168. Satyre menippée, édit. publ. par Ch. Nodier. *Paris, Delangle*, 824, in-8, gr. pap. vél., fig., sur pap. de Chine, 2 vol., dem. v.

1169. Journal du règne de Henry IV, par Pierre de L'Etoile, avec les remarques du chev. C. B. A. *La Haye*, 741, in-8, 2 vol., v. br. — Les avantures du baron de Fœneste (par Th. Agrippa d'Aubigné). *Au Désert*, 630, pet in-8, v. br., fil., tr. dor.

1170. Décade, contenant la vie et gestes de Henry-le-Grand, par Legrain. *Paris*, 614, in-fol., parch.

1171. L'éducation de Henri IV, par D. *Paris*, 790, in-8, fig., 2 vol., br.—Histoire publique et secrette de Henry IV, par Dugour. *Paris*, 790, in-8, br.—Histoire de Henri IV (par de Bury). *Paris*, 777, in-12, 4 vol., br.

1172. Chronologie septenaire (par V. Cayet). *Paris*, 605, in-8, br. — Chronologie novenaire, par le même. *Paris*, 608, pet. in-8, 3 vol., dem.-rel.

1173. Chronologie septennaire, ou histoire de la paix entre Henri IV et Philippe II, par Cayet, avec des notes histor. *Paris*, 808, in-8, 2 vol., dem.-rel.

1174. Sermons de la simulée conversion et nullité de la prétendue absolution de Henry de Bourbon, par J. Boucher. *Jouxte la copie impr. à Paris*, 594, in-8, dem.-rel.

1175. Dialogues d'entre le maheustre et le manant. 594, pet. in-8, v. m.—Mémoires de la reyne Marguerite. *Bruxelles*, 658, pet. in-12, v. br.

1176. Recueil très exact et curieux de tout ce qui s'est fait en l'assemblée des estats tenus à Paris en 1614, par Florimont Rapine. *Paris*, 654, in-4, v. br.

> Incomplet d'une pièce à la fin.

1177. Relation imprimée par un contemporain, de tout ce qui s'est passé aux états-généraux en 1614, édit. publ. par Collin. *Paris*, 789, in-8, 2 vol., br.—L'assemblée des notables tenue à Paris en 1626 et 1627. *Paris*, 652, in-4, v. br.

1178. Histoire de la mère et du fils, par Mézeray. *Paris*, 731, in-12, 2 vol., v. gr. — Histoire de la régence de Marie de Médicis, par Fr. de Mézeray. *La Haye*, 743, in-4, v. m.

1179. Histoire de Louis XIII, par Ch. Bernard. *Paris*, 646, in-fol., v. fil.

1180. Histoire de Louis XIII, par Michel Le Vassor. *Amst.*, 757, in-4, 7 vol., mar. rou., fil., tr. dor.

1181. Combat à la barrière faict en cour de Lorraine, le 14 février 1627, enrichy des figures du sieur Jacque Callot, et par luy-même. *Nancy*, 627, pet. in-4, v. br.

1182. Un vol. pet. in-4, mar. rou., fil., tr. dor., contenant huit pièces, dont : G. G. R. theologi ad Ludovicum XIII admonitio, ex gallico in lat. translata, qua demonstratur Galliam impium fœdus iniisse contra catholicos...*Augustæ-Franc.*, 626. $=$ Apologeticus pro Ludovico XIII, adversus factiosæ admonitionis calumnias in causa principum federatorum (aut. Nic. Rigaltio). *Lut.-Paris.*, 626. $=$ Mysteria politica, hoc est, Epistolæ arcanæ virorum illustrium sibi mutuò confidentium. *Antuerpiæ*, 625. $=$ Cardinalium, archiepiscoporum, episcoporum, cæterorumque de anonymis quibusdam et famosis libellis sententia. *Lutetiæ-Paris.*, 625.$=$Traduction du précédent, par Pelletier. *Paris*, 625, *(Bel exempl. relié par Derome.)*

1183. L'euphème des Français et leur homonée, en l'observation de l'édict du 1er octobre 1614, fait par le très-chrétien roy Louis XIII, par J. de Loyac. *Bourdeaux*, 615, in-4, mar. v., fil., tr. dor.

1184. Histoire de l'exécution de Cabrières et de Mérindol et d'autres lieux de Provence, par L. Aubery du Maurier.*Paris*, 645, in-4, v. br.

1185. Mémoires secrets de la cour de France pendant la minorité de Louis XIV. *Amst.*, 733, in-12, 3 vol., v. f.

1186. Histoire de la vie et du règne de Louis XIV (par de la

Mode), publ. par Bruzen de la Martinière. *La Haye*, 740, in-4, 5 vol., v. f., fil.

1187. Histoire du palais, ou les amours de Louis XIV. Pet. in-4, v. br.

    Manuscrit inédit daté de 1706.

1188. Recueil historique contenant diverses pièces curieuses de ce temps. *Cologne (Elzev.)*, 666, pet. in-12, v. br.—Le véritable tableau de la France attaquée par les puissances de l'Europe, sous le règne de Louis XIV. *Cologne, P. Marteau*, 690, pet. in-12, parch.—La France ruinée sous Louis XIV, par qui et comment, avec les moyens de la rétablir. *Cologne, P. Marteau*, 696, in-12, br.

1189. Le politique du temps, avec les remarques nécessaires à sa parfaite intelligence. 674, in-8, dem. v., non rog.

1190. Mémoires de la régence, par le chev. de Piossens, édit. revue par Lenglet Dufresnoy. *Amst.*, 749, pet in-12, fig.. 5 vol., v. m.—Vie de Philippe d'Orléans, régent. *Londres*, 736, in-12, 2 vol., v. br.

1191. L'Asiatique tolérant, traité à l'usage de Zéokinizul, roi des Kofirans, surnommé le Chéri, ouvrage trad. de l'arabe du voyageur Bekrinoll, par M. D*** (attribué à Crébillon fils). *Paris, l'an 24 du traducteur* (748), in-12, v. m.—Mémoires secrets pour servir à l'histoire de Perse. *Amst.*, 745, in-12, v. m.

1192. Histoire de la décadence de la monarchie française, par Soulavie. *Paris*, 803, in-8, fig., 2 vol., br. — Mémoires pour servir à l'histoire de l'assemblée constituante et de la révolution de 1789, par le cit. E. E. F. (de Ferrière). *Paris*, an vii, in-8, 3 vol., br

1193. Essai sur l'histoire de la révolution française, par une société d'auteurs latins (par M. Héron de Villefosse). *Romæ, prope Cæsaris hortos (Paris.)*, 803, in-8, br. — Essai sur l'application du chapitre 7 du prophète Daniel à la révolution françoise, par J. B. Boucquéau. *Bruxelles*, 802, in-8, br.

1194. Histoire particulière des évènemens qui ont eu lieu en France pendant les mois de juin, juillet, d'août et de septembre 1792, et qui ont opéré la chute du trône royal, par M.... (Mathon) de la Varenne. *Paris*, 806, in-8, v. rac., fil.

1195. Esquisses historiques des principaux évènemens de la révolution française, par Dulaure. *Paris*, 823, in-8, fig. Livrais. 1 à 33. (*Complet.*)

1196. Révolutions de Paris, par Prud'homme. *Paris*, 789 *et ann. suiv.*, in-8, fig., 15 vol., dem.-rel.

1197. Histoire des prisons de Paris et des départemens , par Nougaret. *Paris*, 797, in-12, fig., 4 vol., br.

1198. Histoire de la conjuration de Louis-Philippe-Joseph d'Orléans (par Montjoie). *Paris*, 796, in-8, 3 vol., dem.-rel.

1199. Nouveau dictionnaire françois, composé par un aristocrate, pour servir à l'histoire de la révolution de France. *Paris*, 790, in-8, br. — Anecdotes relatives à quelques personnes et à plusieurs évènemens remarquables de la révolution, par J. B. Harmand. *Paris*, 814, in-8, br. — La France il y a trente ans, ouvrage contenant de grandes vérités historiques sur les hommes de ce temps-là, par AI. de Breuil. *Paris, Lerouge*, 822, in-8, 2 vol., fig., br. — Les chaînes de l'esclavage, par Marat. *Paris*, an Ier, in-8, br.

1200. Recueil de pièces sur la révolution. In-8, 13 vol., dem.-rel.

1201. Procès-verbaux des séances des assemblées provinciales du Berri, 3 vol. ; de Tours, 1 vol. ; de la Basse-Normandie, 1 vol. ; de la Haute-Guyenne, 3 vol. ; du Clermontois, 1 vol. ; en tout 9 vol. in-4, br.

1202. Histoire de l'origine, de l'organisation et des pouvoirs des états-généraux et provinciaux des Gaules, particulièrement des Pays-Bas depuis les Germains jusqu'au 16e siècle, par Raepsaet. *Gand*, 819, in-8, br.

1203. Histoire des états-généraux de 1789, par Granié. *Paris*, 814, in-8, br. — Journal politique national des états-généraux et de la révolution de 1789, par Sabatier. 790, in-8, 2 vol., br. — Tableau hist. et polit. des travaux de l'assemblée constituante, depuis l'ouverture des états-généraux jusqu'après la journée du 6 octobre 1789, par Rivarol. *Paris*, 797, in-8, br.

1204. Recueil de pièces sur les états généraux et leur convocation, principalement sur les états-généraux de 1789, dont : Chronologie des estats-généraux où le tiers-estat est compris, depuis 1422 jusques à 1615, par J. Savaron. *Caen*, 788.═Forme générale et particul. de la convocation et de la tenue des états-généraux, 789.═Sur la convocat. des états-généraux, par le comte de Lauraguais, 788.═Procès-verbal des derniers états-généraux tenus aux enfers, 789.═Les états-gén. convoqués par Louis XVI, par Target.═Qu'est-ce que le tiers-état (par Sieyès), 789. = Mémoire sur les états-génér., par le comte d'Antraigues, 789.=Lettre adressée au roi par M. de Calonne, le 9 février 1789 = Echo de l'Elysée ou dialogues de quelques morts célèbres sur les états-généraux, 788.=Plan de conduite pour les députés du peuple, par Brissot, 789.=Lanterne magique nationale, n°ˢ 1 à 3, etc., etc. Environ 20 vol., rel. et br.

1205. Almanach du P. Gérard pour 1792, par Collot d'Herbois, in-18, br.— Almanach du républicain pour l'an ii, par Rousseau et autres. In-12, br.—Almanach violet pour 1798, in-18, br.—L'ami du roi, almanach des honnêtes gens, pour 1791. In-18, br. —Almanach des aristocrates. *Rome, an 3ᵐᵉ de la Barnavocratie*, in-18, bas. — L'Abeille aristocratique. *Paris*, 794, in-18, br.

1206. De l'état de la France à la fin de l'an VIII (par d'Hauterive). *Paris*, 800, in-8, pap. vél., cart. — De l'état de la France sous la domination de Bonaparte, par Pichon. *Paris*, 814, in-8, br.

1206 *bis*. Vie politique et militaire de Napoléon, par A. V. Arnault. *Paris, E. Babeuf*, 822, gr. in-fol., pap. vél., fig. lith., 2 vol., mar. rou., dent., tr. dor.

> On a ajouté à cet exemplaire plusieurs gravures et portraits, dont un de Napoléon dessiné par Cossia, à Londres, en 1797.

1207. Recueil de pièces authentiques sur le captif de Ste-Hélène. *Paris*, 821, in-8, 12 vol., dem.-rel.

1208. Alexandre, ou le soi-disant grand homme, par Rougemaître. *Paris, Dalibon*, 819, in-12, 2 tom. en 1 vol., v. f., tr. dor.

1209. Les crimes secrets de Napoléon. *Paris*, 815, in-12. br. —Paris, Saint-Cloud et les départemens, ou Bonaparte, sa famille et sa cour, par un chambellan forcé à l'être... *Paris*, 820, in-8, 3 vol., br.

§ 4. MÉMOIRES PARTICULIERS.

1210. Collection des mémoires particuliers relatifs à l'histoire de France. *Paris*, 785-90, in-8, 67 vol., avec la table, bas.

1211. Les mémoires d'Olivier de la Marche. *Lovain*, 645, in-4, v. br.—Mémoires de Phil. de Mornay, sieur du Plessis. *Amst.*, 612, in-4, v. br.

1212. Les mémoires de Castelnau, publ. par Le Laboureur. *Bruxelles*, 731, in fol., 3 vol., v. m.

1213. Mémoires de Martin et Guillaume du Bellai-Langei, mis en un nouveau style, par Lambert. *Paris*, 763, in-12, 7 vol., br.

1214. Commentaires de Blaise de Montluc, mareschal de France. *Paris*, 746, in-12, 4 vol., v. rac. — Mémoires et lettres de Henri duc de Rohan, publ. par le baron de Zur-Lauben. *Paris*, 758, in-12, 3 vol., v. br.

1215. Mémoires et lettres du maréchal de Tessé. *Paris*, 806, in-8, pap. vél., 2 vol., br.

1216. Mémoires de Condé. *Paris*, 743, in-4, fig., 6 vol., v. m.

1217. Mémoires de M. de L*** (Lenet) sur les guerres civiles de 1649. *Paris*, 729, in-12, 2 vol., v. gr. — Mémoires de M. de la Colonie. *Bruxelles*, 737, in-12, 2 vol., v. m. — Mémoires de Montrésor. *Cologne, Sambix*, 663, pet. in-12, 2 vol., v. f., tr. dor.

1218. Mémoires du comte de Brienne. *Amst.*, 719, in-12, 3 vol., mar. rou.

1219. Mémoires et lettres de madame de Maintenon, publ. par Labaumelle. *Maestricht*, 778, in-12, 15 vol., v. m.

1220. Mémoires et vie de Cl. de Letouf, baron de Sirot. *Paris*, 683, in-12, 2 vol., v. f., dent., tr. dor.

1221. Mémoires particuliers pour servir à l'histoire de France (publ. par Algay de Montagnac). *Paris*, 756, in-12, 4 tom. en 3 vol., v. m.

1222. Mémoires de l'abbé Morellet sur le xviii° siècle et la révolution. *Paris*, 821, in-8, 2 vol., dem.-rel. —Mémoires d'un prêtre régicide. *Paris*, 829, in-8, 2 vol., dem.-rel.

1223. Mémoires sur la vie de M. Suard, sur ses écrits et sur le xviii° siècle, par Garat. *Paris*, 820, in-8, 2 vol., v. ant., dent. à fr. (*Thouvenin.*)

1224. Mémoires inédits de madame de Genlis. *Paris, Ladvocat*, 825, in-8, pap. vél., 10 tom. en 5 vol., dem. mar. rou. du levant.

§ 5. HISTOIRE DES DUCS ET GRANDS DE DIVERSES PROVINCES

1225. De ducibus et comitibus provincialibus Galliæ lib. auct. A. Dadino Alteserra. *Tolosæ*, 643, in-4, parch

1226. Traité du comté de Castres et des seigneurs et comtes
d'icelluy, par Dav. Defos. *Tolose*, 633, in-4, v. m.

1227. Histoire des comtes de Tolose, par Guil. Catel. *Tolose*,
623, in-fol., v.

1228. Mémoires des comtes du Maine, par P. Trouillard.
Au Mans, 643, pet. in-8, v. br.

1229. Histoire des comtes de Carcassonne, par G. Besse.
Béziers, 645, in-4, parch.

1230. Histoire des ducs, marquis et comtes de Narbonne,
autrement appelez princes des Goths, ducs de Septimanie
et marquis de Gothie, par Besse. *Paris*, 660, in-4, v. f.

1231. Histoire des roys, ducs et comtes de Bourgogne et
d'Arles, par André du Chesne. *Paris*, 619. == Histoire
généalogique des ducs de Bourgogne, des daufins de Viennois et des comtes de Valentinois, par André du Chesne.
Paris, 628, fig., in-4, 2 vol., v. f.

1232. L'histoire des ducs de Bourgogne, par de Fabert. *Cologne, Marteau*, 689, in-12, 2 vol., v. m.

1232 *bis*. Histoire des comtes de Champagne et de Brie (par
Rob. Mart. Le Pelletier), publ. par Levêque de la Ravalière.
Paris, 753, in-12, 2 tom. en 1 vol., dem.-rel.

1233. Histoire des comtes de Provence, par Ant. de Ruffi. *Aix*,
655, in-fol., fig., v. br.

1234. Histoire de Réné d'Anjou, par de Villeneuve Barge-
mont. *Paris*, 825, in-8, 3 vol., br.

1235. Histoire d'Artus III, duc de Bretaigne et connestable de
France, par Théod. Godefroy. *Paris*, 622, in-4, parch.

1236. Traité de l'origine des ducs et du duché de Brabant, etc., par J. B. de Vaddère, avec des notes par Paquot.
Bruxelles, 784, in-12, 2 vol., br.

§ C. HISTOIRE DES PROVINCES ET DES VILLES.

1237. Histoire de Bretagne, par Daru. *Paris*, 826, in-8,
3 vol., br.

1238. Recherches historiques sur la Bretagne d'après ses
monumens anciens, par Maudet de Penhoüet. *Nantes*, 814,
in-4, fig., bas., fil. (1re partie.)

1239. Nouvelle histoire du Berry, par Pallet. *Paris*, 783,
in-8, 5 vol., br.

1240. Histoire du Bourbonnais, par Coiffier Desmarets. *Paris*, 824, in-8, 2 vol., br.

1241. Mémoires sur le département de la Nièvre, par M. Née de La Rochelle. *Paris*, 827, in-8, 3 vol., br.

1241 *bis*. Dissertation sur les Basques, par Chiniac de La Bastide. *Paris*, 786, in-8, br.

> Ce vol. devait accompagner une traduction des commentaires de César, que Labastide se proposait de donner, et qui n'a point paru.

1242. Histoire générale de Dauphiné, par Chorier. *Grenoble*, 661, in-fol., v. br. (Tome 1er.)

1243. Histoire de Dauphiné et des princes qui ont porté le nom de dauphins. *Genève*, 722, in-fol., 2 vol., v. br.

1244. Essai historique sur les états-généraux de la province du Languedoc. = Description générale et statistique du département de l'Aude, par le baron Trouvé. *Paris*, 818, in-4, fig, 2 vol., br.

1245. Dénombrement du duché de Bourgogne et pays adjacens, rédigé en 1786, par Amelot. *Paris*, 790, in-fol., br.

1246. Notice sur l'ancien royaume des Auvergnats et sur la ville de Clermont, par Delarbre. *Clermont*, 805, in-8, br.

1247. Recueil historique et abrégé des choses les plus remarquables qui sont dans les principales villes du royaume de France. 684, in-8, mar. n., tr. dor.

> Manuscrit.

1248. Dissertations sur les Parisii ou Parisiens, et sur le culte d'Isis chez les Gaulois, par Béal. *Paris*, 826, in-8, br.

1249. Les fastes, antiquités et choses plus remarquables de Paris, par Bonfons. *Paris*, 605, pet. in-8, fig., v. f., fil., tr. dor.

1250. Histoire de la ville de Paris, composée par Mich. Félibien, revue par. G. A. Lobineau. *Paris*, 725, in-fol., fig., 5 vol., v. m.

1251. Paris ancien et nouveau, par Le Maire. *Paris*, 685, in-12, 3 vol., v. br. — Essais historiques sur Paris, par de Saint-Foix. *Paris*, 766, in-12, 5 vol., br. — Nouvelle description des curiosités de Paris, par Dulaure. *Paris*, 787, pet. in-12, 2 vol., br.

1252. Tableau de Paris, par Mercier. *Amst.*, 782-88, in-8, 12 vol., v. m.

1253. Tableau de Paris critiqué par un solitaire. *Nyon en Suisse*, 783, in-8, 6 vol., dem.-rel.

(100)

1254. Lettres sur Paris, par C. G. Etienne. *Paris*, 820, in-8,
2 vol., dem.-rel. — Paris dans le dix-neuvième siècle, par
Jouhaud. *Paris*, 809, in-8, v. m., dent., tr. dor.

1255. Dictionnaire historique et descriptif des monumens de
Paris, par de Roquefort. *Paris*, 826, in-8, br. — Descrip-
tion des catacombes de Paris..., par L. Héricart de Thury.
Paris, 815, in-8, fig., cart.

1256. Recherches statistiques sur la ville de Paris et le département de la Seine (par MM. Walckenaer et de Chabrol).
Paris, I. R.,823, 26 et 29, in-4, 3 vol., br.

1257. Histoire des antiquités de la ville de Soissons, par
Lemoine. *Paris*, 771, in-12, 2 tom. en 1 vol., mar. rou.,
fil., tr. dor.

1258. Histoire des droits anciens et des prérogatives et fran-
chises de la ville de S.-Quentin, par L. Hordret. *Paris*,
781, in-8, br.

1259. Recueil en forme d'histoire de ce qui se trouve par
escrit de la ville et des comtes d'Angoulesme, par F. de Cor-
lieu, sec. édit. augm. par Gabr. de La Charloye. *Angoulesme*,
631, in-4, vél.

1260. Relation des entrées solemnelles dans la ville de Lyon
de nos rois, reines, princes, etc., depuis Charles VI jusques à
présent. *Lyon*, 752, in-4, mar. vert, dent., tr. dor.

1261. Lettres-patentes portant confirmation des privilége
des prévôts des marchands, des échevins et des bour-
geois et marchands de la ville de Lion. *Lion*, 718, in-4,
mar. rou., fil., tr. dor.

1262. Discours historial de l'antique et illustre cité de Nismes
en la Gaule Narbonoise, par J. Poldo d'Albenas. *Lyon*, 560,
in-fol., fig., v. br.

1263. L'histoire de la ville de Nismes et de ses antiquitez,
par Gautier. *Paris*, 724, in-8, fig., v. f.

1264. Provinciæ massiliensis ac reliquiæ Phocensis annales,
sive Massilia gentilis ac christiana, lib. III, auct. J. B.
Quesnay. *Lugd.*, 657, in-fol., v. br.

§ 7. HISTOIRE POLITIQUE ET MILITAIRE. — MÉLANGES.

1265. Considérations sur le gouvernement ancien et présent de
la France (par d'Argenson). *Amst.*, 765, in-8, v. m.

1266. De la monarchie françoise ou de ses loix, par Chabrit. *Paris*, 783, in-8, 2 vol., br. — Les origines ou l'ancien gouvernement de la France, de l'Allemagne et de l'Italie (par Dubuat). *La Haye*, 789, in-8, 3 vol., br.

1267. Traité historique de la souveraineté du roi, et des droits en dépendans, par F. D. P. L. (par Fr. de Paule de La Garde). *Paris*, 754, in-4, 2 vol., mar. bl., fil., tr. dor.

1268. Le miroir des rebelles, traictant de l'excellence de la majesté royale, et de la punition de ceux qui se sont eslevez contre icelle, par Dan. Drouin. *Tours*, 592, pet. in-8, v. m., fil.

1269. Capitularia regum Francorum, Steph. Baluzius colle-git, curante P. de Chiniac. *Paris.*, 780, in-fol., 2 vol., br.

1270. Histoire des capitulaires des rois françois de la 1re et de la 2e race, ou traduction de la préface d'Et. Baluze, publ. par de Chiniac. *Paris*, 779, in-8, mar. rou., fil., tr. dor.

1271. Estats de Blois, 1588. Droits du roy sur les comtez de Provence, Forcalquier et terres adjacentes. Edict de l'an 1618 sur les estats tenus à Paris en 1615 et sur ceux des notables tenus à Rouen en 1617, et autres mémoires servans à l'histoire (depuis 1478 jusqu'en 1617). In-fol., v. br.

        Manuscrit.

1272. De l'origine et establissement du parlement, et autres jurisdictions royales, par de Miraulmont. *Paris*, 612, in-8, parch.

1273. Les ouvertures des parlemens faites par les roys de France tenant leur lict de justice, par Louis d'Orléans. *Lyon*, 620, in-8, vél.

1274. Lettres sur les fonctions du parlement, sur le droit des pairs, etc. *Amst.*, 753, in-12, 2 vol., v. f. — Les quatre âges de la pairie de France, par Zemganno. *Maestricht*, 775, in-8, 2 vol., br. — Tableau historique, généalogique et chronologique des trois cours souveraines de France, par Bouquet. *La Haye*, 772, in-8, fig., v. m.

1275. Journal historique de la révolution opérée dans la constitution de la monarchie franç., par de Maupeou, et pièces fugitives. *Londres*, 774, in-12, 8 vol., mar. rou., tr. dor.

1276. L'establissement des estats et offices de la maison et couronne de France, par Mathieu. *Paris*, 616, pet. in-8, parch.

1277. Traitez des premiers officiers de la couronne de France
sous les roys de la 1re 2e et 3e lignée , par And. Favyn.
Paris, 613, in-8, v. br., fil.

1278. L'amiral de France et par occasion de celui des autres
nations, tant vieilles que nouvelles, par de La Popellinière.
Paris, 584, in-4, vél.

1279. Le grand aulmosnier, par Séb. Rouillard. *Paris*, 607,
in-8, vél.

1280. Le secret des finances découvert, départi en trois livres,
et publié par N. Froumenteau. 581, in-8, 3 part. en 1 vol.,
parch.

1281. Histoire générale des finances de la France, par Arnould.
Paris, 806, in-4, br. — Vues politiques et patriotiques sur
l'administration des finances de la France, par Lubersac.
Paris, 787, in-4, br.

1282. De l'administration des finances de la France , par
Necker. 784, in-8, 3 vol., v. m.

1283. Mémoire donné au roy en 1778, par M. Necker. =
Lettre du marq. de Caraccioli à d'Alembert. In-4, mar.
rou., fil., tr. dor. *(Derome.)*
Ms. d'une très-belle écriture.

1284. De l'état de la France présent et à venir, par de Calonne. *Londres*, 790, in-8, dem.-rel. — Mémoire sur les
états provinciaux, par Mirabeau. 787, in-12, br. —Mémoire
sur les états-généraux, leurs droits et la manière de les con-
voquer, par d'Entraigues. 788, in-8, br.

1285. La constitution française, trad. en langue provençale,
par Ch. Fr. Bouche. *Paris*, 802, in-16, br.

1286. Créations du colleiges des notaires et secrétaires du
roy et maison de France , privilleiges, dons et octroys
faicts par les roys de France à icelluy colleige. In-4, mar.
vert, dent., tr. dor.
Manuscrit sur vélin du XVIe siècle. Ce volume, composé de 130
feuillets, avec les initiales en or et en couleur, est d'une écriture ba-
tarde cursive extrêmement nette.

1287. Mémoire historique et littéraire sur le collége royal de
France, par l'abbé Gouget. *Paris*, 758, in-12, 3 vol., v. m.

1288. Histoire des arts en France prouvée par les monumens,
par Alex. Lenoir. *Paris*, 810, in-4, cart.

1289. Histoire générale de la marine (par de Boismélé et de
Richebourg). *Paris*, 744, in-4, 3 vol., bas. m.

1290. Le rozier des guerres composé par le feu roy Louis XI pour mons. le daulphin Charles son fils, mis en lumière par d'Espagnet, et ensuite un traité de l'institution du jeune prince fait par le même d'Espagnet. *Paris*, 616, pet. in-8, v. f.

1291. Abrégé chronologique et historique de l'origine, du progrès et de l'état actuel de la maison du roi et de toutes les troupes de France, par S. Lamoral Le Pippre de Nœufville. *Liége*, 734, in-4, fig., 2 vol., v. m.

1292. Cours d'histoire militaire des Français, de Pharamond à Louis XVI. *Paris*, 813, in-8, 3 vol., dem. mar. rou.

1293. Histoire de la campagne du prince de Condé en Flandre en 1674, par le chev. de Beaurain. *Paris*, 774, in-fol., fig., mar. vert, fil., tr. dor.

1293 *bis*. Histoire des campagnes du mar. de Luxembourg en Flandre, de 1690 à 1694, par le chev. de Beaurain. *Paris*, 755, in-fol., cart. et fig., 2 vol., v. m., fil.

1294. Collection des lettres et mémoires du maréchal de Turenne, publ. par le comte de Grimoard. *Paris*, 781, in-fol., fig., 2 vol., br.

1295. Histoire militaire du règne de Louis-le-Grand, par Ray de Saint-Geniès. *Paris*, 755, in-12, 3 vol., mar. vert, fil., tr. dor. (*Rel. anc.*)

1296. Mémoires historiques sur la guerre des Français en Allemagne, de 1757 à 1762, par Bourcet. *Paris*, 792, in-8, 3 vol., v. f. ant.

1297. Batailles livrées sous Louis XV, 1744-47 (25 figures). In-fol., cart.

1298. Précis des événements militaires, par Math. Dumas, tom. 3 et 4, tom. 7 et 8, contenant les campagnes de 1800 et de 1802. *Paris*, 816-19, in-8, 4 vol. et atlas in-fol., br.

1299. Histoire scientifique et militaire de l'expédition française en Egypte, d'après des mémoires, matériaux et documens inédits. *Paris, Dénain*, 830-36, in-8, 10 vol., et 2 atl. in-4 obl., cart.

1300. Histoire de la guerre de Russie et d'Allemagne en 1812-13, par Sarrazin. *Paris*, 815, in-8, v. gr., fil. — Hist. de la guerre entre la France et l'Espagne pendant les années 1793-94 et 95, par L. de Marcillac. *Paris*, 802, in-8, v. f., fil.

1301. Histoire de la vie privée des Français. *Paris*, 824, in-12, fig., br. — Histoire des modes françaises (par

Molé) *Paris*, 773, in-12, br. — Mœurs et coutumes des Français dans les premiers temps de la monarchie, par Legendre. *Paris*, 753, in-12, br. — Espion anglais, ou correspondance entre deux milords sur les mœurs publiques et privées des Français. *Paris*, 809, in-8, 2 vol., br.

1302. Essai chronologique sur les mœurs, coutumes et usages anciens les plus remarquables dans la Bourgogne (par G. Peignot). *Dijon*, 827, in-12, br.

> Tiré à 100 exemplaires.

1303. Traité des combats singuliers, par le P. Gerdil. *Turin*, in-8, br.

1304. Mémoire sur les rangs et les honneurs de la cour. Gr. in-8, mar. rou., fil., tr. dor.

1305. Céremonial de l'empire français, par L. T. P ***. *Paris*, 805, in-8, fig. col., br.

1306. Etiquette du Palais-Royal. *La Haye*, *Imp.-R.*, 806, in-4, br.

1307. Correspondance secrète, politique et littéraire, ou mémoires pour servir à l'histoire des cours, des sociétés et de la littérature en France depuis la mort de Louis XV (par Métra). *Londres*, 787, in-12, 18 vol., br.

1308. La chronique scandaleuse, ou mémoires pour servir à l'histoire des mœurs de la génération présente. *Paris*, 783, in-8, br.—Paris, Versailles et les provinces, au xviiie siècle. *Paris*, 809, in-8, 2 vol., br.

E. HISTOIRE DE LA SUISSE ET DE L'ITALIE.

1309. Chronologia helvetica, res gestas Helvetiorum ad nostra usque tempora indicans, aut. J. H. Suizero. *Hanoviæ*, 601. = Le tableau de la Suisse, par Marc Lescarbot. *Paris*, 618, pet. in-4., v. br.

1310. Mémoires critiques pour servir d'éclaircissements sur divers points de l'histoire ancienne de la Suisse et sur ses monuments d'antiquité, par Loys de Bochat. *Lausanne*, 747, in-4, fig., 3 vol., d.-rel.

1311. Tableaux de la Suisse (Estampes 152 à 217). *Paris*, 780, in-fol., cart.

1312. Histoire de Genève, par Bérenger. 772, in-12, 6 vol., v. m.

1313. Recherches sur l'indigénat helvétique de la principauté de Neufchatel et Vallangin, par Jer. Em. Boyne. *Neufchatel*, 778, in-8, mar. rou., fil., tr. dor.

1314. Analyse géographique de l'Italie, par d'Anville. *Paris*, 744, in-4, v. rac., fil.

1315. Nova et accurata Italiæ hodiernæ descriptio, à Jud. Hondio. *Lugd.-Bat., Bon. et Abr. Elzev.*, 627, in-4 obl., fig., vél.

1316. La historia d'Italia, di Fr. Guicciardini. *In Venetie*, 568, in-4, v.—Memorie del cardin. Bentivoglio con le quali descrive la sua vita. *In Venetia*, 648, in-4, v., fil.

1317. Castruccii Bonamici commentariorum de bello italico libri. *Lugd.-Bat.*, 750, in-4, 4 vol., br.

1318. Histoire de la renaissance de la liberté en Italie, de ses progrès, de sa décadence et de sa chute, par Sismonde de Sismondi. *Paris, Treuttel*, 832, in-8, 2 vol., br.

1319. Théâtre des états de Savoye. *La Haye, Moetjeas*, 700, gr. in-fol., fig., 2 vol., v. m., fil., tr. dor.

1320. Chronique de Savoye, extraicte de l'histoire de Guil. Paradin. *Genève*, 602, in-fol., fig., v. br.

1321. Histoire géographique, politique et naturelle de la Sardaigne, par D. A. Azuni. *Paris*, 802, in-8, fig., 2 vol., br.

1322. La cronique de Gennes. *Paris, Michel Le Noir*, 507, pet. in-4, goth., dem.-rel.

    Incomplet du 1er feuillet.

1323. Annali castigatissimi della eccelsa et illustrissima republica di Genoa, da Agost. Giustiniano. *Genoa*, 537, in-fol., v.

1324. Senatus populique genuensis rerum domi forisque gestarum historiæ atque annales, aut. P. Bizaro Sentinati. *Antuerpiæ*, 579, in-fol., v.

1325. Dissertation historique sur les duchés de Parme et de Plaisance, trad. de l'ital. *Cologne*, 722, in-4, 2 part. en 1 vol., vél.

1326. Jos. Ripamontii historia patriæ. *Mediolani*, 641, in-fol., 3 vol., parch.

    Decades III, IV et V.

1327. P. Jovii vitæ XII vice comitum Mediolani principum. *Lutetiæ*, 549, in-4, fig., v. ant., fil. — Joh. Simonetæ rerum gestarum Fr. Sphortiæ mediolanensium ducis, libri XXX. *Mediolani*, 486, in-fol., vél. *(Mouillé.)*

N.   14

1328. Ant. Possevini Gonzaga. *Mantuæ*, 628, in-fol., v.

1329. Historia Vinetiana di Paolo Paruta. *Vinetia*, 645, pet. in-fol., 2 part. en 1 vol., v. br.

1330. Histoire de la république de Venise, par Daru. *Paris* 826, in-18, 8 vol., br.

1331. Bern. Scardeonii de antiquitate urbis Patavii et clari civibus patavinis lib. III; Ejusd. appendix de sepulchris insignibus exterorum Patavii jacentium. *Basileæ*, 560, in-fol., v.

1332. Le origine di Padova di Lor. Pignoria. *Padova*, 625, in-4, fig., vél. — Origine della citta di Ricanati e la sua historia e discretione, fatta da Gio. Fr. Angelica. *Venetia*, 601, in-4, parch.

1333. Jo. Bapt. Pignæ de principibus Atestinis historiarum lib. VIII. *Ferrariæ*, 585, in-fol., v.

1334. Commentariorum memorabilium historiæ multiplicis Tarvisinæ libri IV, auct. Barth. Burchelato. *Tarvisii*, 616, in-4, fig., v. br.

1335. Histoire du grand-duché de Toscane sous le gouvernement des Médicis, trad. de l'ital. de Riguccio Galluzzi. *Paris*, 782, in-12, 9 vol., v. m., et dem.-rel. — Histoire des révolutions de Florence sous les Médicis, par Réquier. *Paris*, 765, in-12, 3 vol., br.

1336. Leonardi Aretini historiarum florentinarum lib. XII. *Argentorati*, 610, in-fol., v.

1337. Le historie della citta di Fiorenza di Jac. Nardi. *In Lione*, 582, in-4, parch. — Vita di Cosimo de Medici, descritta da Aldo Manucci. *Bologna*, 586, pet. in-fol. *(Fatigué, mouillé.)*

1338. Vie de Laurent de Médicis, trad. de Nic. Valori, avec des notes. *Paris*, 761, in-12, v. gr., fil.

1339. Fasti senenses ab academia Intronatorum editi. In-fol., v. br.

1340. Cam. Peregrinii dissertationes de Campania felice, nunc primum ex italico in latinum transtulit et animadversionem adjecit Alex. Dukerus. *Lugd.-Bat.*, *Van der Aa, s.d.*, in-fol., fig., br.

1341. Vedute antiche e moderne le piu interessanti della citta di Roma incise da vari autori, in numero 100. *(Roma), s. d.*, in-4, fig., br.

1342. Trattato nuovo delle cose maravigliose dell' alma citta di Roma ornato de molte figure, composto da F. Pietro

Martire. *Roma*, 625, pet. in-8, v. br. — Il ritratto di Roma
moderna da Philippo de Rossi, racolto da Pompilio Totti.
Roma, 638, pet. in-8, fig., mar. rou. *(Sans titre.)*

1343. Les curiositez de l'une et de l'autre Rome, par le P. Nic.
de Bralion. *Paris*, 655, in-8, parch.—Nouveaux mémoires
de Nodot, ou observations sur les monumens de l'anc. et de
la nouv. Rome. *Amst.*, 706, in-12, fig., 2 vol., v. br.

1344. Blondi Flavii de Roma triumphante libri X. *Venetiis*,
511. = Ejusdem de Roma instaurata libri III. *Ibid.*, 510,
pet. in-fol., v. br.

1345. Relation authentique de l'assaut donné, le 6 juillet
1809, au palais quirinal et de l'enlèvement du pape Pie VII,
trad. de l'ital., par Lemierre. *Paris*, 814, in-8, br.

1346. La conjuration du comte de Fiesque, trad. de l'ital. de
Mascardi, par de Fontenai de Ste-Geneviève. *Paris*, 639, in-8,
v. f., fil.

1347. Car. Sigonii historia de rebus bononiensibus ; accessit
ejusd. vita Andr. Doriæ. *Francof.*, 604, in-fol., v.

1348. Hier. Rubei historiarum Ravennatum libri X. *Venetiis*,
589, in-fol., cart.

1349. Descrittione del regno di Napoli, di Scip. Mazzella. *Napoli*, 601, pet. in-4, fig., v. br.

    Ouvrage très-rare en Italie.

1350. Status rerum memorabilium tam ecclesiasticarum
quam politicarum, ac etiam ædificiorum fidelissimæ civitatis Neapolitanæ, auct. Franc. de Magistris. *Neapoli*, 678,
in-fol., parch.

1351. Vues des monumens antiques de Naples gravées à
l'aquatinta, accompagnées de notices et de dissertations, par
M. Leriche. *Paris, Bruère*, 827, pet. in-fol., br.

1352. Istoria civile del regno di Napoli di P. Gianonne. *Venezia*, 766, in-4, 4 vol., bas. — Opere postume del stesso...
Venezia, 768, in-4, 2 vol., bas.

1253. Histoire civile du royaume de Naples, trad. de l'ital. de
Giannone. *La Haye*, 742, in-4, fig., 4 vol., v. m.. fil..tr. dor.

1354. Storia del reame di Napoli, dal 1734 sino al 1825, del
generale Pietro Colletta. *Parigi, Baudry*, 835, in-8, 2 vol., br.

1355. Histoire des révolutions et mouvemens de Naples pend.
les ann. 1647-48, trad. de l'ital. de Gal. Gualdo Priorato.
Paris, 654, in-4, parch.

1356. Le duc de Guise à Naples, ou mémoires sur les révo-

lutions de ce royaume en 1647-48. *Paris*, 825, in-8, gr.
pap. vél., br.

1356 *bis*. Aug. Inveges Panormus antiqua, nunc primum ex
italicis latine versa. *Lugd.-Bat.*, *Van der Aa*, *s. d.*, fig. ═
Fr. Maurolyci sicanicarum rerum compendium. *Ibid.*, in-
fol., cart.

1357. Jac. Bonanni et Columnæ Syracusarum antiquarum
illustratarum lib. II ; latine vertit Sigeb. Havercampus.
Lugd.-Bat., *Van der Aa*, *s. a.*, fig. ═ Poggii Bracciolini
historiæ florentinæ libri VIII. *Ibid.*, *s. a.*, fig.═Pet. Bem-
bi historiæ venetæ lib. XII. *Ibid.*, *s. a.*, in-fol., v. m.

F. HISTOIRE D'ESPAGNE, DE PORTUGAL ET D'ANGLETERRE.

1358. Las quatro partes enteras de la chronica de Espana.
Valladolid, 604, pet. in-fol., v. f.

1359. Anales de la nacion Espanola, desde el tiempo mas re-
moto hasta la entrada de los Romanos , por don L. Jos.
Velasquez. *En Malaga*, 759, in-4, vél.

1360. Histoire générale d'Espagne, par Loys de Mayerne Tur-
quet. *Paris*, 608, in-fol., v. br.

1361. Corona gothica castellana , y austriaca, politicamente
ilustrada, por don Diego Saavedra Faxardo. *Amberes*,
677, in-fol., 2 part. en 1 vol., vél.

1362. Origen de las dignidades seglares de Castila, y Leon,
por Salazar de Mendoza. *Madrid*, 657. ═ Origen de la
dignidad de grande de Castilla, por Al. Carrillo. *Madrid*,
657, pet. in-fol., bas.

1363. Historia de Cataluna, compuesta por Bern. Desclot,
traduzida de su antigua lengua catalana en romance castel-
lano, por Raph. Cervera. *Barcelona*, 616, pet. in-4, v.

1364. Del giusto scacciamento de Moreschi da Spagna libri VI,
composti dal' P. Dam. Fonseca, traslatati in ital. da Cos.
Gaci. *Roma*, 611, in-4, parch.

1365. Historia de la vida y hechos del Rey D. Henrique III de
Castilia, por Gil Gonzalez Davila. *Madrid*, 638, in-fol., vél.

1366. Pompa introitus Ferdinandi Austriaci Hispaniarum in-
fantis in urbem Antuerpiam, cum commentario Casp. Ge-

vartii. *Antuerpiæ, Joa. Meursius*, 641, gr. in-fol., fig., parch.

1367. Assertor Gallicus contra vindicias hispanicas Joa. Jac. Chiffletii, aut. Ant. Dominicy. *Parisiis , Typ. Reg.*, 646, in-4, v. f., fil., tr. dor.

1368. Europa Portuguesa, su autor Manuel de Faria y Sousa. *Lisboa*, 678, pet. in-fol., 3 vol., bas.

1369. Philippus Prudens Lusitaniæ legitimus rex demonstratus, à J. Car Lobkowitz. *Antuerpiæ*, 639, in-fol., fig., v.

1370. Jus succedendi in Lusitaniæ regnum dominæ Catharinæ doctorum sententiis confirmatum. *Paris.*, 681, in-fol., parch.

1371. Lusitania liberata ab injusto Castellanorum dominio, per D. Ant. de Souza de Macedo. *Londini*, 645, in-fol., fig., v.

1372. Compendio historico do estado da universidade de Coimbra, no tempo da invasao dos denominados Jesuitas e dos estragos feitos nas sciencias.... *Lisboa*, 774, in-4, dem.-rel.

1373. Campaigns of the british army in Portugal under the command of Wellington, illustrated by nineteen engravings, publ. by H. l'Évêque. *London*, 812, gr. in-fol., cart.

1374. Annales rerum anglicarum et hibernicarum regnante Elizabetha, aut. Guil. Camdeno. *Lugd.-Bat.*, 625, in-8, vél.

1375. Histoire d'Angleterre depuis Jacques Ier jusqu'à la révolution, par Cath. Macaulay Graham, trad. par Mirabeau. *Paris*, 792, in-8, 5 vol., br.

1376. The history of the rebellion and civil wars in England, begun in the year 1641, by Edw. earl of Clarendon. *Oxford*, 732, in-fol., fig., 3 tom. en 1 vol., v. br.

1377. Le portrait du roy de la Grande-Bretagne (Charles Ier) durant sa solitude et ses souffrances. *Rouen*, 649, pet. in-12, cart.

1378. Histoire entière et véritable du procès de Charles Stuart d'Angleterre, trad. de l'angl. *Sur l'imprimé à Londres*, 650, in-12, v. br. — Relation véritable de la mort cruelle et barbare de Charles Ier, trad. de l'anglais par J. Ango. *Paris*, 792, in-8, br.

1379. Histoire d'Olivier Cromwel, par A. Jeudy Dugour. *Paris*, an III, in-18, pap. vél., 2 vol., v. f., fil., tr. dor., doubl. de tabis.

1380. Histoire de ce qui s'est passé de plus mémorable en Angleterre pendant la vie de Gilbert Burnet. *Lahaye*, 735, in-4, 3 tom. en 2 vol., dem. v., n. rog.

1381. L'Angleterre en 1800. *Cologne, Paris, Henrichs*, 804, in-8 , pap. vél. bleu, 2 vol. , v. vert, gaufré , dent.

1382. Histoire des progrès de la puissance navale de l'Angleterre, par de Ste Croix. *Paris, Debure*, 786, in-12, 2 vol., br. — Mémoire sur l'administration des finances de l'Angleterre depuis la paix, par Grenville, trad. de l'angl. *Mayence*, 768, in-4, bas. m.

1383. Souvenirs de mes voyageurs en Angleterre (par Meister). *Zuric. et Paris, Aubin* , in-8 , pap. vél. , 2 part. en 1 vol. , cuir de Russie, dent., tr. dor.

1384. L'île de Staffa et sa grotte basaltique, dessinées et décrites par Panckoucke. *Paris*, 831, in-fol., fig., en livrais.

G. HISTOIRE DE FLANDRE ET DE HOLLANDE.

1385. Trophées tant sacrées que profanes du duché de Brabant , par Christ. Butkens. *La Haye*, 724 , in-fol., fig. , 4 vol., v. br.

1386. Abrégé de l'histoire ecclésiastique , civile et naturelle de la ville de Bruxelles et des environs, par Mann. *Bruxelles* , 785, in-8, 2 vol., dem.-rel.

1387. Histoire de Tournay , par J. Cousin. *Douai* , 619, in-4, parch. (*Tome 1er, premier livre.*) — Histoire du parlement de Tournay, par Math. Pinault. *Valenciennes*, 701, in-4, v. m.

1388. Histoire de la terre et vicomté de Sebourcq, jadis possédée par les comtes de Flandre et de Hainnault ; ensemble de leurs faicts héroïques et mémorables,.. par S. Le Boucq. *Bruxelles*, 645, in-4, parch.

1389. La grande chronique ancienne et moderne de Hollande, Zélande, Westfrise, Utrecht, etc., jusqu'à la fin de l'an 1600, recueillie par J. Franç. Lepetit. *Dordrecht* , 604 , in-fol. , fig., 2 tom. en 1 vol., v. br , fil.

1390. L'histoire des Provinces-Unies des Païs-Bas , par de Wicquefort. *La Haye*, 719, in-fol., 2 vol., dem.-rel.

1391. Annales des Provinces-Unies depuis les négociations pour la paix de Munster, par Basnage. *La Haye*, 749, in-fol., 2 vol., v. br.

1392. Histoire génér. des Provinces-Unies, par D. (Dujardin). *Paris*, 757-70, in-4, 8 vol., br.

1393. Histoire métallique de la république de Hollande, par Bizot. *Paris*, 687, in-fol., gr. pap., fig., v. br.

1394. Explication historiq. des principales médailles frappées pour servir à l'histoire des Provinces-Unies des Pays-Bas. *Amst.*, 736, in-fol., fig., v. br.

1395. Description et représentation de toutes les victoires des Provinces-Unies du Pays-Bas sous la conduite de Maurice de Nassau. *Leyden*, 612, in-fol., fig., parch.

1396. Ant. Thysii historia navalis, seu celeberrimorum præliorum quæ mari ab antiquissimis temporibus, Batavi fœderatique Belgæ, ut plurimum victores gesserunt, luculenta descriptio. *Lugd.-Bat.*, 657, in-4, gr. pap., vél.

1397. Les guerres de Nassau, descriptes par Guil. Baudart. *Amst.*, 616, in-4 obl., fig., parch.

> Fatigué; incomplet de la fin.

1398. Origo et historia Belgicorum tumultuum, auct. Ern. Eremundo. *Amst.*, *Janssonias*, 641, pet. in-12, v. f., fil., tr. dor.

1399. Dan. Heinsii rerum ad Sylvam-Ducis atque alibi in Belgio aut à Belgis anno 1629 gestarum historia. *Lugd.-Batav.*, *ex offic. Elzevir.*, 631, pet. in-fol., bas.

1400. Histoire générale de la guerre de Flandre, de 1559 jusques à présent, par Gab. Chappuys. *Paris*, 633, in-fol, gr. pap., mar. rou., fil., tr. dor. *(Mouillé.)*

1401. Histoire de la guerre de Flandre, escrite en latin par Fam. Strada, et mise en franç. par Du Ryer. *Paris*, 650, in-fol., 2 vol., v. br., fil.

1402. Introduction à la révolution des Pays-Bas, et à l'histoire des Provinces-Unies. 754, in-12, 3 tom. en 1 vol., mar. rou., fil., tr. dor.

1403. État présent de la république des Provinces-Unies, par Fr. Mich. Janiçon. *La Haye*, 744, in-12, 2 vol., v. f., fil., tr. dor.

1404. Chronici Zelandiæ lib. II, auct. Jac. Eyndio. 634, in-4, v. f.

1405. J. Is. Pontani historiæ Gelricæ libri XIV; præcedit ducatus Gelriæ et comitatus Zutphaniæ chorographica descriptio, cum tab. geograph. *Hardervici Gelrorum*, 639, in-fol., v. f.

1406. P. Kærii Germania inferior, id est, XVII Provinciarum ejus novæ et exactæ tabulæ geographicæ, cum singularum descriptionibus additis à P. Montano. *Amst.*, 622, in-fol., cart.

1407. Mensonis Alting notitia Germaniæ inferioris antiquæ, qua hodie est in dicione VII fœderatorum. *Amst.*, 697, in-fol., fig., v. br.

1408. Batavia illustrata, seu de Batavorum insula, Hollandia, Zelandia, etc., scriptores varii notæ melioris, nunc primum collecti, simulque editi, ex musæo P. Scriverii. *Lugd.-Bat.*, 609, in-4., fig. sur bois, parch.

1409. Dissertations sur les colonies Romaines, Nerviennes & Françoises, répandues dans les Pays-Bas (par Lambier). *Lille*, in-8, br.

1410. Joa. Bertelii historia Luxemburgensis. *Coloniæ*, 608, pet. in-4, v., fil.

1411. Mich. Eyzingeri de leone belgico ejusque topographica atque historica descriptione liber, cum figuris Franç. Hogenbergii. 588, in-fol., v. br.

II. HISTOIRE DE L'ALLEMAGNE, ET DES PAYS SEPTENTRIONAUX.

1412. Scriptores rerum alamannicarum. 730, in-f., 3 v., br.

1413. Alb. Krantzii rerum germanicarum ecclesiastica historia, sive Metropolis. *Francof. ad M.*, 576. === Ejusd. regnorum aquilonarium, Daniæ, Sueciæ, Norvagiæ chronica. *Ibid.*, 575, in-fol., v. br.

1414. Rerum germanicarum veteres jam primum publicati scriptores VI, ex Joa. Pistorii bibliotheca eruti et vindicati. *Francof.*, 607, in-fol., parch.

1415. Scriptores rerum germanicarum à Carolo M. usque ad Fridericum III inclusivè; unà cum omni re diplomatica Friderici Imp., accessit etiam præfatio Jo. Schilteri. *Argentor.*, 702, in-fol., fig., cart.

1416. Burc. Gott. Struvii corpus historiæ Germaniæ, ex genuinis documentis, præmittitur Chr. Gottl. Buderi bibliotheca scriptorum rerum germanicarum. *Jenæ*, 730, in-fol. 2 vol., vél.

1417. Idem opus. *Jenæ*, 753, in-4, 2 vol., bas.

1418. Gabr. Buccelini Germania topo-chrono-stemmato-graphica sacra et profana. *Ulmæ*, 662, in-fol., fig., 2 vol., v. br.

1419. Joa. Aventini annalium Boiorum, sive veteris Germaniæ lib. VII, curante Nic. Cisnero. *Francof.*, 627, in-fol., v. br.

1420. Marci Velseri rerum Boicarum lib. V, unà cum libro sexto hactenus inedito, edidit Jo. Casp. Lippertus. *Augustæ, Vindel.*, 777, in-8, br.

1421. Aurei sæculi imago, sive Germanorum veterum vita, mores, ritus et religio, auct. Abr. Ortelio. *Antwerpiæ*, 696, in-4, fig., br.

1422. Joa. Jac. Sorberii commentatio de comitiis veterum Germanorum antiquis. *Francof.*, 749, in-4, 2 vol., br.

1423. Dav. Chytræi Saxonia ab anno Chr. 1500 usque ad annum 1600, nunc tertium recognita et ad presentem usque 1611 annum continuata. *Lipsiæ*, 611, in-fol., v. br.

1424. Saxonia Alb. Krantz. *Colonia*, 520, in-fol., rel. en bois.

1425. Bavaria sancta, cæpta et descripta, à Math. Radero, cum figuris Raphaelis Sadeler. *Antwerpiæ*, 615, in-fol., fig., v. ant., dent. à fr.

1426. Marq. Freheri origines palatinæ *(Heidelbergæ)*, 613, in-fol., 2 part. en 1 vol., v. f.

1427. Car. Lud. Tolneri historia palatina. *Francof.*, 700, in-fol., v. br.

1428. Silesiacarum rerum scriptores aliquot adhuc inediti, edente Frid. Wilh. de Sommersberg. *Lipsiæ*, 729, in-fol., 3 vol., br.

1429. Clivia, Julia, Montia, Marchia, Ravensburgia, antiquæ et modernæ, duplici hac facie ceu annalium partibus duabus repræsentatæ, auct. Vernhero Teschenmacher. *Arnhemiæ*, 638, in-fol., cartes, n. rel.

1430. Wern. Teschenmacheri ab Elverfeldt annales Cliviæ, Juliæ, Montium, Marcæ, Westphalicæ, Ravensbergæ, Geldriæ et Zutphaniæ, edidit J. Christ. Dithmarus. *Francof.*, 724, in-fol., 2 part. en 1 vol., br.

1431. Joa. Frid. Schannat historia Fuldensis, cum figuris æri incisis. *Francof. ad M.*, 729, in-fol., gr. pap., v. br.

1432. Histoire de la ville de Hambourg, de sa religion, de son gouvernement et de son commerce. *Paris, Treuttel*, 809, in-8, 2 vol., br.

1433. Monumenta Paderbornensia, ex historia Romana,

Francica , Saxonica eruta, et novis inscriptionibus , figuris
et notis illustrata. *Amst., Dan. Elzev.*, 672, in-4, vél.

1434. Annales sive commentarii de origine et statu antiquiss.
civitatis Augustæ Trevirorum , auct. Wilh. Kyriandro Ju-
liacensi. *Biponti*, 683, in-fol. , parch.

1435. P. Winsemii rerum Frisicarum lib. VII. *Leovardiæ*,
646, in-fol., v. br.

1436. Les fastes de l'emp. d'Occident. *Vienne*, 788, in-fol.,
fig., br.

1437. Laurea Austriaca , hoc est commentariorum de statu
reipublicæ nostri temporis et bello germanico lib. XII,
auct. Julio Bello. *Francof.*, 627, in-fol., fig. , vél.

1438. Annales du règne de Marie-Thérèse , par Fromageot.
Paris, 775, in-8 tiré in-4, mar. rou., fil., tr. dor.

1439. Topographia provinciarum austriacarum, Austriæ, Sty-
riæ, Carinthiæ, Carniolæ, Tirolis , etc., (germanicè), per
Matt. Merian. *Francof.*, 678, in-fol., fig., cart.—Ejusd. topographia Bohemiæ, Moraviæ et Silesiæ.*Francof.*, 650, in-
fol., fig., vél.

> Avec la planche de la ville de Prague de W. Hollar, qui manque
> souvent.

1440. Cosmæ Pragensis chronicæ Bohemorum libri III;
item S. Adalberti episc. Prag. vita et martyrium, ab eodem
auctore. *Hanoviæ*, 687, in-fol., parch.

1441. Melch. Goldasti commentarii de regni Bohemiæ in-
corporatarumque provinciarum juribus ac privilegiis , nec
non de hereditaria successione regiæ Bohemorum familiæ,
in libros VI divisi , cum animadvers. varior , edidit Joa.
Herm. Schminck. *Francof. ad M.*, 719, in-fol., 2 tom. en
1 vol., vél.

1442. Tableau géographique et politique de la Hongrie et des
pays qui en dépendent, par Demian , trad. de l'allem. par
Roth et Raymond. *Paris*, 809 , in-8, 2 vol., v. rac. , dent.

1443. Attioni de re dell' Ungaria brevemente descritte dal
cav. Ciro Spontone. *Bologna*, 602, in-fol., fig. , v. f.

1444. Regni hungarici historia , per Nic. Isthvanfium , libris XXXIV exactè descripta. *Colon. Agr.*, 685, in-fol., bas.

1445. N. Isthvanfii historia regni Hungariæ. *Viennæ* , 758,
in-fol., br.

1446. Ant. Bonfinii rerum Hungaricarum decades, libris XIV,
recensuit Car. And. Bel *Lipsiæ*, 771, in-fol., br. — Matth.

Bel adparatus ad historiam Hungariæ. *Posonii*, 735, in-fol., br.

1447. Simonis de Keza chronicon hungaricum, cum notis Alexii Horanyi. *Viennæ*, 781, in-8, br.

1448. Joa. Lucii de regno de Dalmatiæ et Croatiæ lib. VI. *Amst.*, 666, in-fol., v. br.

1449. l'istoria Joannis Magni gothi.... de omnibus Gothorum Suconumque regibus qui unquam ab initio nationis extitere... operâ Olai Magni fratris ejusd. auctoris in lucem edita. *Romæ*, 554, pet. in-fol., fig. sur bois, v.

1450. Historia Olai Magni de gentium septentrionalium variis conditionibus statibusve ... *Basileæ*, 567, in-fol., fig. sur bois, parch.

     La marge du bas a été atteinte par l'humidité.

1451. La Scandinavie vengée de l'accusation d'avoir produit les peuples barbares qui détruisirent l'empire de Rome, par J. Graberg de Hemso. *Lyon*, 822, in-8, br.

1452. Rerum Danicarum historia, libris X deducta, auct. Is. Pontano ; accedit chorographia regei Daniæ. *Amst.*, 631, in-fol., v. br.

1453. Joa. Meursii historia Danica pariter et Belgica. *Amst.*, 638, in-fol., 2 tom. en 1 vol., parch.

1454. Danica historia, libris XVI conscripta, auct. Saxone Grammatico. *Francof. ad M.*, 576.═Chronica Slavorum, seu annales Helmoldi, prebysteri Buzoviensis, edente Rein. Reineccio. *Francof.*, 581. ═ Historia de vita Imp. Cæs. Henrici IV Aug., et Hilteprandi pont. rom. cognomento Gregorii VII. *Ibid.*, 581. ═ Wolg. Lazii commentariorum in genealogiam Austriacam libri II. *Basileæ*, 544, in-fol., v. br.

1455. Suevicarum rerum scriptores aliquot veteres, ex bibliotheca et recensione Melch. Haiminsfeldii Goldasti. *Francof. ad. M.*, in-4, v. f., fil.

1456. Sam. Liberi baronis de Pufendorf de rebus à Carolo Gustavo Succiæ rege gestis commentariorum libri VII. *Norimbergæ*, 729, in-fol., fig., br.

1457. Histoire de Gustave-Adolphe, roi de Suède, par Archenholtz. *Amst.*, 764, in-4, cartes, v. m.

1458. Joa. Dlugossi, seu Longini historia polonica. *Francof. et Lipsiæ*, 711-12, in-fol., 2 vol., br.

1459. Recherches historiques sur l'origine des Sarmates, des

Esclavons et des Slaves, et sur les époques de la conversion de ces peuples au christianisme , par Stan. Siestrencewicz de Bohusz. *S. Pétersbourg*, 812, in-8 , 4 vol. , br.

1460. Alex. Guagnini Sarmatiæ Europeæ descriptio, quæ regnum Poloniæ, Lituaniam, Samogitiam, Russiam, Massoviam , Prussiam , Pomeraniam , Livoniam , et Moschoviæ Tartariæque partem complectitur. *Spiræ,* 581 , in-fol. , fig. sur bois, parch.

1461. Tableaux historiques , chronologiques , géographiques et statistiques de l'empire de Russie, avec une carte généalogique, par Alex. de Weydemeyer. *S. Pétersbourg, Bellizard,* 828, in-fol., cartes.

1462. Dictionnaire géograph. hist. de l'emp. de Russie, par N. S. Vsévolojsky. *Moscou*, 813, in-8, 2 vol., br.

1463. Histoire physique , morale , civile et politique de la Russie ancienne et moderne , par Le Clerc. *Paris* , 783, in-4, fig., 5 vol., br.

1464. Histoire de Russie, trad. de Karamsin, par Jauffret et S. Thomas. *Paris*, 819, in-8, 11 vol., br.

1465. Éphémérides russes, politiques, littéraires, historiques et nécrologiques , par Spada. *S. Pétersbourg* , 816 , in-8 , 4 vol., br.

1466. Estat de l'empire de Russie et grande duché de Moscovie, avec ce qui s'est passé pendant le règne de 4 empereurs depuis l'an 1590, jusqu'à l'an 1606, par Margeret. *Paris, Langlois,* 669, in-12, br. *(Réimpression de* 1821.)

1467. Siècle de Pierre-le-Grand, ou actions et hauts faits des capitaines et des ministres qui se sont illustrés sous le règne de cet empereur, trad. du russe de Bantisch-Kamensky, par un officier russe. *Moscou*, 822, in-8, portr., 2 vol., br.

1468. Essai sur l'histoire de la Nouvelle Russie. *Paris , Rey et Gravier,* 820, in-8, 3 vol., bas., fil.

1469. Joa. Schefferi Lapponia , id est, regionis Lapponum et gentis nova et verissima descriptio. *Francof.*, 673, in-4, fig., cart.

J. HISTOIRE DE L'ASIE.

1470. Histoire philosophique des deux Indes , par Raynal. *Paris*, an iii, in-8, 10 vol., br., et atlas in-4, dem.-rel.

1471. Asiatic researches, or, transactions of the society ins-
tituted in Bengal, for inquiring into the history and antiquities, the arts, sciences, and literature of Asia. *London*,
799-801, in-4, fig., tom. 1 à 6, cart.

1472. The Asiatic journal and monthly register for bristish
India and its dependencies. *London*, from January, 816, to
december 823, tom. 1 à 16, dem. v.

1473. Marci Pauli de regionibus orientalibus lib. III, notis
illustrati; accedit Haithoni historia orientalis, quæ et de Tar-
taris inscribitur; itemque And. Mulleri de Chataja disquisitio. *Coloniæ Brand.*, 671, in-4, v. br.

1474. Les fleurs des histoires de la terre d'Orient. *Lyon*,
585, pet. in-8, v. m.

1475. Observations sur l'Orient pour l'éclaircissement de l'É-
criture Sainte, trad. de l'angl. en allem. par J. E. Faber.
Hambourg, 772, in-8, 2 vol., v. rac., fil.

1476. Histoire générale et particulière de la Grèce, par Cousin
Despréaux. *Rouen*, 780, in-12, 15 vol., v. m.

1477. Lettres sur la Morée, l'Hellespont et Constantinople,
par A. L. Castellan, 2ᵉ édit. avec 63 planch. *Paris, Nepveu*,
820, in-8, 3 vol., br.

1478. Description exacte des isles de l'Archipel et de quelques autres adjacentes, trad. du flam. d'O. Dapper. *Amst.*,
703, in-fol., fig., v. br.

1479. Histoire de Georges Castriot, surnommé Scanderbeg,
roy d'Albanie, par Jacq. de Lavardin. *S. Gervais*, 604, pet.
in-8, parch.

1480. Mœurs et usages des Turcs, leur religion, leur gouvernement civil, milit. et politique, avec un abrégé de l'histoire ottomane, par de Guer. *Paris*, 746, gr. in-4, fig.,
2 vol., v. m.

1481. Vie de Mahomed, par le comte de Boulainvilliers.
Londres, 730, in-8, mar. vert., fil., tr. dor., réglé.

1482. Vie de Mahomet, trad. et compilée de l'Alcoran par J.
Gagnier. *Amst., Wetstein*, 732, in-12, 2 vol., v. f., fil.

1483. Histoires secrètes du prophète des Turcs (par Lanselin).
Constantinople (Paris,), 775, pet. in-12, 2 tom. en 1 vol.,
v., fil.

1484. Historiæ musulmanæ Turcorum, de monumentis ipso-
rum excriptæ, lib. XVIII, opus Joa. Leunclavii. *Francof.*,
591, in-fol., v. br.

1485. Historia compendiosa dynastiarum, auth. Greg. Abul-
pharajio, arabicè edita. *Oxoniæ*, 663, in-4, v. br. —Sup-
plementum historiæ dynastiarum, in quo historiæ orientalis series à Greg. Abul Faragii exitu ad nostra usque
tempora compendiosè deducitur, arabicè edita et latinè
versa ad Edv. Pocockio. *Oxonii*, 663-62, in-4, 2 vol., v. br.

1486. Annales sultanorum othmanidarum à Turcis sua lingua
scripti, à Joa. Gaudier dicto Spiegel, interprete turcico, germanicè translati, Joa. Leunclavius latinè redditos illustravit
et auxit, usque ad annum 1588. *Francof.*, 588, in-4, parch.

1487. Chronicorum turcicorum, in quibus Turcorum origo,
principes, imperatores, bella, prælia.... exponuntur, tomus I, aut. Phil. Lonicero. Tomus II : Diversa de rebus turci-
cis opuscula. Tom. III : Georgii Castrioti (Scanderbegi) vita,
aut. Mar. Barletio. *Francof. ad M.*, 578, in-fol., fig. sur
bois, 3 tom. en 1 vol., mar.

1488. Turckische chronica..., in teutsche verdolmetscht von
Heinr. Muller. *Francfurt am M.*, 577, in-fol., fig. sur bois,
3 part. en 1 vol., bas.
Trad. allem. de l'ouvrage précédent, avec les mêmes figures.

1489. Suit une véritable histoire comment les Turcs et autres
gens des infidèles ont attaqué en maintes manières l'église
chrétienne... *Augsbourg, Hanns Bamler*, 482, in-fol., fig.
sur bois, goth., dem.-rel. *(En allem.)*

1490. Révolutions de l'empire ottoman, par de Chénier. *Paris*,
789, in 8, br. — Histoire des révolutions de Constantinople, par Burigny. *Paris*, 749, in-12, 3 vol., br.

1491. I. Acta Mechmeti I. Saracenorum principis, natales,
vitam, victorias, imperium et mortem ejus ominosam
complectentia. II, Vaticinia Severi et Leonis in Oriente
Impp., cum quibusdam aliorum aliis, interitum regni
Turcici sub Mechemete hoc III, prædicentia, iconibus exor-
nata, per Joa. Theod. et Joa. Isr. de Bry frat. *Francof.*,
597, pet. in-4, v. rac., fil.

1492. Histoire de Mahomet IV, dépossédé, où l'on voit beau-
coup de choses concernant l'empire ottoman (par Jean d'Au-
neau sieur de Vizé). *Paris*, 688, pet. in-8, mar. rou., fil.,
tr. dor.

1493. L'oppugnation de la noble et chevaleureuse cité de
Rhodes, assiégée et prinse par le sultan Seliman, à présent
grand Turcq, rédigée et escripte par frère Jacques bastard de
Bourbon. *Paris*, 525, pet. in-4, parch. *(Gâté sur les marges.)*

1494. Joa. Matt. Hasii descriptio geographico-historica regni Davidici et Salomonei , cum delineatione Syriæ et Ægypti ; juncta est urbium maximarum veterum et recentiorum comparatio. 754, in-fol., cartes, dem.-rel.

1495. Siria sacra descrittione istorico-geografica chronologico-topografica delle due chiese patriarcali Antiochia e Gerusalemme, opera dell' abb. Biagio Terzi di Lauria. *Roma*, 695, in-fol , cartes, v. br.

1496. Description de l'Arabie, par Niébuhr. *Paris*, 779, in-4, fig. , 2 tom. en 1 vol., dem.-rel.

1497. Des mœurs des Arabes-Bedouins , par F. C Rossenmuller. *Leipsik*, 789, in-12, dem.-rel. *(En allem.)*

1498. Monumenta antiquissimæ historiæ Arabum; post Alb. Schultensium collegit ediditque cum latina versione et animadversionibus Jo. Gott. Eichhorn *Gothæ*, 775, in-8, br.

1499. Histoire générale des royaumes de Chypre, de Jérusalem, d'Arménie et d'Egypte, par le chev. Dom. Jauna. *Leide*, 747, in-4, fig., 2 vol., v. m.

1500. Istoria di Faccardino grand emir dei Drusi (dall' ab. Mariti). *Liv. .o, T. Masi*, 787, in-8, v. rac., dent.

1501. Mohammedis filii Chavendschahi vulgo Mirchondi historia samanidarum, persicè ; interpretatione latina et annotationibus historicis illustravit Frid. Wilken. *Goettingæ*, 808, in-4, cart.

1502. Tableau général de l'Arménie, par Chahan de Cirbied. *Paris*, 813. == Mémoire sur deux provinces de la Perse orientale le Gardjestan et le Djouzdjan , par Silvestre de Sacy. *Paris* , 813. == Essai critique sur la topographie de Syracuse au commencement du ve siècle avant l'ère vulgaire, par Letronne. *Paris*, 812, in-8, fig., v. rac., fil.

1503. Recherches historiques sur la connaissance que les anciens avaient de l'Inde, par Robertson. *Paris*, 792 , in-8 , papier fort, dem.-rel. — Lettres sur l'Atlantique de Platon et sur l'ancienne histoire de l'Asie , par Bailly. *Londres* , 779, in-8, dem.-rel.

1504. L'histoire des bramines, où l'on voit les mœurs, la religion, le commerce et la manière de vivre de ces peuples. *Paris*, 672, in-4, fig., v. br.

1505. Parallèle de la conquête d'Alexandre dans les Indes , avec la conquête des mêmes contrées par Thamas Kouli-Khan, par de Bougainville. 752, in-8, v f., fil.

1506. Decada quinta da Asia ; dos feitos que os Portugueses fizeraõ no descombrimento dos mares, et conquista das terras do Oriente...., composta por Diogo do Couto. *Lisboa*, 612, in-4, v.

1507. Histoire des découvertes et conquestes des Portugais dans le Nouveau-Monde, par le P. Jos. Fr. Lafiteau. *Paris*, 734, in-12, fig., 3 vol., v. br.

1508. Vies des gouverneurs-généraux avec l'abrégé de l'histoire des établissemens hollandois aux Indes Orientales , par S. P. R. Dubois. *La Haye*, 763, in-4, fig., v. f., fil., tr. dor.

1509. Essai sur l'Indoustan ou empire Mogol , tiré de plus. histor. et géographes indiens, à Faisabad, capitale de la province d'Avad. *Versailles*, 785, in-fol., cart. *(Manuscrit.)*

1510. A narrative of the military operations on the Coromandel coast from 1780 to 1784 , in a series of letters, by Junes Munro. *London*, 789, in-4, fig. et cartes, dem. rel.

1511. Ahmedis Arabsiadæ vitæ et rerum gestarum Timuri, qui vulgo Tamerlanes dicitur, historia, arabicè (edidit Jac. Golius). *Lugd.-Batav., Elzevir.*, 636, in-4, v. br.

1512. Histoire de Timur-bec , connu sous le nom du Grand Tamerlan, empereur des Mogols et Tartares . écrite en persan par Cherefeddin Ali , trad. par Pétis de la Croix. *Delf.*, 723, in-12, 4 vol., v. br.

1513. Histoire de Tamerlan, emper. des Mogols (par le P. Margat). *Paris*, 739 , in-12 , 2 vol. , v. mar. —. Histoire de Tamerlan, par Sainctyon. *Utrecht*, 679, pet. in-12, parch.

1514. Traicté des Tartares, de leur origine, pays, peuples, etc.; recueilly de divers auteurs, par P. Bergeron. *Paris*, 634. = Abrégé de l'histoire des Sarrasins et Mahométans, par P. B. (P. Bergeron). *Ibid.*, 634. = Relation des voyages en Tartarie de Fr. Guill. de Rubruquis, fr. J. du Plan Carpin, fr. Ascelin et autres religieux, recueilly par P. Bergeron. *Paris*, 634, pet. in-8, parch.

1515. Histoire généalogique des Tatars , trad. du manuscrit tartare d'Abulgasi-Bayadur-chan, avec des remarques très curieuses sur l'Asie septentrionale , par D***. *Leide* , 726 , in-12, cartes. v. f., fil.

1516. Ath. Kircheri China monumentis qua sacris qua profanis illustrata. *Amst.*, 667, in-fol., fig., v. br.

1517. La Chine d'Ath. Kirchère, illustrée de plusieurs monu-

mens tant sacrés que profanes, trad. par Dalquié. *Amst.*,
670, in-fol., fig., v. br.

1518. Description de la Chine et de la Tartarie-Chinoise, par
le P. Duhalde. *Paris*, 735, in-fol., gr. pap., fig., 4 vol.,
v. m.

1519. La Chine, mœurs, usages, costumes, arts et métiers,
cérémonies, etc., par Aubry-Lecomte, Devéria, Grevedon
et autres artistes, publ. par M. de Malpière. *Paris*, 827,
in-4, fig. color., livr. 15 à 21.

1520. Lettres au R. P. Parrenin contenant diverses questions
sur la Chine, par Dortous de Mairan. *Paris*, *I. R.*, 770,
in-8, v. m.

1521. Mémoires concernant les Chinois, par les missionnaires
de Pékin. *Paris*, 776, in-4, fig., tom. 1 à 12, br. en cart.

1522. Dell' historia della China, descritta da Gio. Gonzalez di
Mendozza nella lingua spagnuola et trad. nell' ital. da Franc.
Avanzo. *Genova*, 586, pet. in-4, parch.

1523. Suite de seize estampes représentant les conquêtes de
l'empereur de la Chine (Kien-Long). Gr. in-fol., cart.

1524. Nouvelle relation de la Chine, par le P. Gabriel de Ma-
gaillans, trad. du portug. par B.... *Paris*, 688, in-4, v. br.

1525. Nouveaux mémoires sur l'état présent de la Chine, par
le P. Louis le Comte. *Paris*, 701, in-12, fig., 3 vol., v. br.

1526. Relations de ce qui s'est passé depuis quelques années
jusques à l'an 1644, au Japon, à la Cochinchine, au Malabar,
en l'isle Ceylan et en plusieurs autres isles...., trad. du portug. du P. Fr. Cardim, et de l'ital. du P. Fr. Barretto. *Paris*,
645, pet. in-8, 2 tom. en 1 vol., v. f.

K. HISTOIRE DE L'AFRIQUE ET DE L'AMÉRIQUE.

1527. Abulfedæ africa, arabicè, curavit Jo. Goth. Eichhorn.
Gottingæ, 791. = Abulfedæ tabulæ quædam geographicæ
et alia ejusd. argumenti specimina, è codd. biblioth. Lei-
densis nunc primum arabicè edidit Frider. Theod. Rinck.
Lipsiæ, 791. = Abdollatiphi compendium memorabilium
Ægypti, arabicè, è codice msto. Bodleiano edid. D. Jos.
White; præfatus est H. Eb. Gottl. Paulus. *Tubingæ*, *Cotta*,
789, in-8, cart.

1528. Maured Allatafet Jemaleddini filii Togri-Bardii, seu rerum Ægyptiacarum annales ab anno Chr. 971 usque ad annum 1453, textum arabicum primus edidit, latinè vertit, notisque illustravit J. D. Carlyle. *Cantabrigiæ*, 792, in-4, v. f., fil.

1529. Description de l'Egypte, composée sur les mémoires de M. de Maillet, par l'abbé Le Mascrier. *Paris*, 735, in-4, fig., v. m.

1530. Description des plaines d'Héliopolis et de Memphis, par Fourmont. *Paris*, 755, pet. in-12, fig., br. — Description des Pyramides de Ghizé, de la ville du Kaire, et de ses environs, par J. Grobert. *Paris*, an ix, in-4, fig., br.

1531. Antiquités de la Nubie, ou monumens inédits des bords du Nil, dessinés et mesurés en 1819, par F. C. Gau. *Paris*, *l'auteur*, in-fol. max., livr. 1 à 4.

1532. Jobi Ludolfi historia Æthiopica, sive brevis descriptio regni Habessinorum... *Francof. ad M.*, 684, in-fol., fig., v. br.

1533. Historia eclesiastica, politica, natural, y moral de los grandes y remotos Reynos de la Etiopia..., por el Fray Luis de Urreta. *Valençia*, 610, pet. in-4, cart.

1534. Relation historique de l'Éthiopie occidentale, par le P. J. B. Labat. *Paris*, 732, in-12, fig., 5 vol., v. m.

1535. Description du cap de Bonne-Espérance, tirée des mémoires de P. Kolbe. *Amst.*, 743, in-12, fig., 3 vol., v. m. — Nouvelle histoire de l'Afrique Française, par l'abbé Demanet. *Paris*, 767, in-12, fig., 2 vol., v. m.

1536. Description des Indes occidentales qu'on appelle aujourd'hui le Nouveau Monde, par Ant. de Herrera, trad. de l'espagn. *Amst.*, 622, in-fol., fig., parch.

1537. Maffei historia indica. *Viennæ*, 751, in-fol., 2 vol., br.

1538. Origen de los Indios de el Nuevo Mondo e Indias occidentales, por el P. Greg. Garcia. *Madrid*, 729, in-fol., parch.

1539. Description de la Guyane, par J. Hartsinck. *Amst.*, 770, in-4, fig., 2 vol., dem.-rel. *(En hollandais.)*

1540. Description de la France équinoctiale, cy devant appellée Guyanne, et par les Espagnols El Dorado, avec la carte d'iceluy. *Paris*, 666, in-4, parch.

1541. Tyrannies et cruautés des Espagnols, perpétrées ès Indes

occidentales, descrites en lang. cast. par Barth. de las Casas
et trad. par Jacq. de Miggrode. *Paris*, 582, pet. in-8, v. br.

1542. Primera parte de los commentarios reales , que tratan
del origen de los Yncas reyes de Peru , de su idolatria et
leyes, etc., escritos por el Ynca Garcilasso de la Vega. *Lisboa*,
609, in-4, v. br., fil.

1543. Regno gesuitico del Paraguay dimostrato co' documenti
piu classici de' medesimi Padri della compagnia. *Lisboa*,
St. R., 770, pet. in-4, dem.-rel.

1544. Historia de la conquista de Mexico, escriviola don Ant.
de Solis, aumentada con la vida del autor que escrivio don
J. de Goyeneche. *Amberes*, 704, in-fol., fig. , v. gr.

1545. La misma. *Brusselas*, 741, in-fol., v. br.

1546. La misma. *Madrid*, 763, pet. in-4, cuir de Russie.

1547. Histoire génér. des Antilles , habitées par les Français,
par le P. du Tertre. *Paris*, 667, in-4, fig , tom. 1 et 2 , v. br.

1548. Histoire naturelle et morale des iles Antilles de l'Amérique , avec un vocabulaire caraïbe (par de Rochefort).
Rotterd., 665, in-4, fig., v. f., fil.

1549. The history of Barbados from the first discovery of the
island in 1605 till 1801 , by John Poyer. *London* , 808 ,
in-4, cart.

1550. Histoire générale des isles de S. Christophe , de la Gua-
deloupe , de la Martinique et autres dans l'Amérique , par
le P. du Tertre. *Paris*, 654, in-4, v. br.

1551. Histoire de l'isle espagnole, ou de St Domingue, par le
P. Charlevoix. *Paris*, 730, in-4, fig., 2 vol., v. f.

1552. Ensayo chronologico para la historia general de la Flo-
rida , escrito por D. Gab. de Cardenas Cano. *Madrid*, *off.*
real. , 723, in-fol., vél.

1553. Tableau du climat et du sol des États-Unis, par Volney.
Paris, 803, in-8, tiré in-4, pap. vél., cart. color., 2 vol., br.

X. BIOGRAPHIE.

1554. Le grand dictionnaire historique, par L. Moréri. *Basle*,
733, in-fol., 5 vol., v. br.

1555. Dictionnaire historique et critique, par Bayle. *Rotterd.*,
702, in-fol., 3 vol., v. br. — Supplément... *Genève*, 722,
in-fol., v. br.

1556. Plutarchi Græcorum Romanorumque illustrium vitæ (latinè). *Basileæ*, 549, in-fol., v. br.

1557. Vies des hommes illustres de Plutarque, trad. par Dacier. *Paris*, *Duprat Duverger*, 811, in-18, portr., 15 vol., v. rac., fil.

1558. Pauli Jovii elogia virorum bellica virtute illustrium. *Florentiæ*, 551, in-fol., v. br., fil.

1559. Monumenta illustrium virorum et elogia, curâ et studio M. Zuerii Boxhornii. *Amst.*, 638, in-fol., fig., parch.

1560. Melch. Adami vitæ eruditorum, cum germanorum tum exterorum. *Francof. ad M.*, 706, in-fol., v. m.

1561. Les livres de J. Boccace des cas des nobles hommes et femmes infortunez.... *Paris*, *Mich. Lenoir*, s. d., pet. in-fol., goth., fig. sur bois, v. f. (*Sans titre.*)

1562. Les imposteurs insignes, par de Rocoles. *Bruxelles*, 728, pet. in-8, fig., 2 vol., v. f.

1563. Eloges et vies des reynes et dames illustres en pitié, en courage et en doctrine, etc., par F. Hilarion de Coste. *Paris*, 647, in-4, 2 vol., v. f.

1564. Vies des hommes illustres et grands capitaines françois et des dames illustres, par Brantome. In-fol., 6 vol., dem. rel.

Manuscrit.

1565. Apologie pour les grands hommes soupçonnez de magie, par G. Naudé. *Amst.*, 712, in-12, v. br.

1566. Particularités et observations sur les ministres des finances de France les plus célèbres, depuis 1660 jusqu'en 1791 (par de Monthion). *Paris*, 812, in-8, bas.

1567. Eloges de tous les Premiers Présidents du parlement de Paris, par l'Hermite Souliers. *Paris*, 645, in-fol., fig., v. br.

1568. Histoire des chanceliers et gardes des sceaux de France distingués par les règnes de nos monarques, enrichie de leurs armes, blasons et généalogies, par Franc. Duchesne. *Paris*, 680, in-fol., fig., bas., fil.

1569. The spirit of the age or contemporary portraits, by Will. Hazlitt. *Paris*, 825, in-12, 2 vol., br.

1570. Vitæ selectorum aliquot virorum qui doctrinâ, dignitate aut pietate inclaruere. *Londini*, 681, in-4, v. br. — Promptuarium iconum insigniorum a seculo hominum Lugd., 553, in-4, fig., bas.

1571. La prosopographie ou description des personnes insignes, par Ant. du Verdier. *Lyon,* 573, in-4, fig., parch.

1572. Mémoires pour servir à l'histoire des hommes illustres, par Niceron. *Paris*, 729, in-12, tom. 1 à 34, v. br.

1573. Mémoires pour servir à l'histoire des hommes illustres de Lorraine, par de Chevrier. *Bruxelles*, 754, in-12, 2 vol., dem.-rel.

1574. Prosopographia heroum atque illustrium virorum totius Germaniæ, aut. Heinr. Pantaleone. *Basileæ*, 565, in-fol., fig. sur bois, 2 part. en 1 vol., v. br.

1575. The history of the lives of Abeilard and Heloisa , with their genuine letters, by Jos. Berington. *Basil*, 743, in-8, 2 vol., br.

1576. Histoire de Christophe Colomb, suivie de sa correspondance, trad. de l'ital. de Bossi. *Paris*, 820, in-8, fig., br.

1577. Vie de Pierre Arétin, par de Boispréaux. *La Haye*, 750, pet. in-12, dem. mar. rou., n. rog.

1578. Mémoires de la vie de Théod. Agrippa d'Aubigné. *Amst., J. Fr. Bernard*, 731, pet. in-8, 2 tom. en 1 vol., v. f., fil.

1579. Eloge politique de Colbert , par M. de Pellissery. *Londres*, 777, in-8, 2 tom. en 1 vol., mar. rou., fil., tr. dor.

1580. The life of Thomas Egerton, lord chancellor of England. In-4, br.

Sans titre ; 508 pages.

1581. Histoire du prince de Condé, par Desormeaux. *Paris*, 766, in-12, fig., 4 vol., v. f., fil., tr. dor.

1582. Histoire de la vie du duc d'Espernon, par Girard. *Paris*, 655, in-fol., v. br., fil.

1583. Histoire du prince Eugène de Savoie. *Vienne*, 780, in-12, 5 vol., v. éc.

1584. Anciens mémoires du quatorzième siècle depuis peu découverts, où l'on apprendra les avantures les plus surprenantes, et les circonstances les plus curieuses de la vie du fameux Bertrand Du Guesclin, nouvellem. trad. par le sieur Lefebvre. *Douay*, 692, in-4, v. br.

1585. Histoire du maréchal de Matignon, par de Caillière. *Paris*, 761, in-fol., v. br. — Histoire du maréchal de Toiras, par Mich. Baudier. *Paris*, 644, in-fol., parch.

1586. Histoire de la vie de Philippe de Mornay sieur du Plessis. *Leyde, Bon. et Abr. Elzev.*, 647, in-4, v. f., fil.

1587. Mémoires du comte Munich, écrits par lui-même. 817,
in-8, cuir de Russie, dent., tr. dor. (*En russe.*)

1588. Nouv. éclaircissements sur la vie et les ouvr. de Guill.
Postel, par le P. des Billons. *Liège*, 773, pet. in-8, d.-rel.
— Vie de Mich. de l'Hopital. *Paris*, 764, in-12, v. m. —
Mémoires de J. de Wit. *La Haye*, 709, in-12, v. br.

1589. Mémoires de la vie de Jacq. Aug. de Thou, trad. du
latin. *Rotterd.*, 711, in-4, v. br.

1590. Vie et sentimens de Lucilio Vanini (par Durand). *Rotterd.*, 717, in-12, v. br., fil.— Apologia pro Jul. Cæsare
Vanino. *Cosmopoli, typ. Philaletheis*, 712, pet. in-8, cart.

1591. Histoire des imprimeurs d'Augsbourg, par G. Guill.
Rapf. *Augsb.*, 786, in-4, cart. (*En allem.*)

1592. Vie d'Etienne Dolet (par M. Née de la Rochelle.) *Paris*,
779, in-8, dem.-rel.
Notes mss. de l'abbé Mercier de S. Léger.

1593. Theod. Janssonii ab Almeloveen de vitis Stephanorum
dissertatio ; subjecta est H. Stephani querimonia artis typographicæ; Ejusd. epistola de statu suæ typographiæ. *Amst.*,
683, pet. in-8, vél.

1594. Dizionario dei pittori dal rinnovamento delle belle arti
fino al 1800 di Stef. Ticozzi. *Milano*, 818, in-8, 2 vol., br.

1595. Dictionnaire des peintres espagnols, par Quilliet. *Paris*,
816, in-8, br.

1596. A biographical dictionary of Painters and Engravers
from the revival of the art under Cimabue, and the alled-
ged discovery of engraving by Finiguerra to the present
time; with the ciphers, monograms, and marks, used by
each engraver and an ample list of their principal works,
by Mich. Bryan. *London*, 816, in-4, 2 vol., dem. mar.
rou., n. rog.

1597. Notizie istoriche de gli intagliatori di G. G. Gandel-
lini, *Siena*, 808-13, in-8, 11 vol., br.

1598. Vie de Rossini, par M. de Stendhal. *Paris*, 824, in-8,
2 part. en 1 vol., dem.-rel.

1599. Johan. Mabillonii præfationes actis sanctorum ord.
S. Benedicti. *Rothomagi*, 732, in-4, v. br.

1600. Les saintes métamorphoses ou les changemens mira-
culeux de quelques grands SS., tirés de leurs vies, par J.
Baudoin. *Paris, impr. avec les caractères de Moreau*, 644,
in-4, fig., v. br., fil.

1601. Palladii lausiaca quæ dicitur historia , et Theodoreti religiosa historia, Gent. Herveto interprete. *Parisiis,* 555 , in-4, parch.

1602. Vitæ SS. patrum ægyptiorum. 485, pet. in-fol. , goth., rel. en bois. *(Sans titre.)*

1603. Martyrologium franciscanum , curâ ac labore Arturi à Monasterio. *Paris.*, 653, in-fol., v. br.

1604. Liber trium virorum et trium spiritualium virginum. *Paris.*, 513, in-fol., v. f.

1605. Vie de S. Cyprien (par D. Gervaise). *Paris,* 717 , in-4, v. br.

1606. Histoire et vie de S. Epiphane.*Paris,* 738, in-4, v. br.

1607. Vie, vertus et miracles de St Germain, év. d'Auxerre , par George Viole. *Auxerre,* 656, in-4, vél.

1608. Vie de S. Thomas d'Aquin , par le P. Touron. *Paris,* 737, in 4, v. br.

1609. Vie de S. Vincent de Paul. *Nancy,* 748, in-4, 2 vol., v. m.

1610. Sacrum gynæceum, seu martyrologium SS. et BB. mulierum, aut. Arturo à Monasterio.*Paris.*, 657, in-fol., v. br.

1611. La vida de nuestra bendita senora Maria virg. emperatriz de los cielos en laqual tambien se contienen el nascimiento, passion y muerte de N. Dios y Salvador J. Christo, obra de Julio Fontana pintor de Verona. *Venecia,* 569, in-4, fig., v. br.

1612. Vie de la mère Catherine de S. Augustin , religieuse hospitalière de la Miséricorde de Québec , en la Nouvelle France, par Ragueneau.*Paris.*671, in-8, fig., parch. *(Rare.)*

1613. Vie de la vénér. mère Françoise de S. Bernard (Mme de Maisons). *Paris,* 657, in-4, v. f.

1614. Vie de la vénér. mère Jeanne Françoise Frémiot (de Chantal), par Henry de Maupas du Tour. *Paris,* 647, in-4, vél.

1615. Vie de la vénér. servante de Dieu Marie Lumagne, institutrice des filles de la Providence, par Collin. *Paris,* 744, in-12, mar. rou., fil., tr. dor. — Vie de Pélage conten. l'hist. des ouvr. de S. Jerosme et S. Augustin contre les Pélagiens. 751, in-12, br.

XI. HISTOIRE DES INSTITUTIONS, DES SCIENCES, DES ARTS ET DE LA LITTÉRATURE.

1616. Origine des premières sociétés, des peuples, des sciences, des arts et des idiômes anciens et modernes. *Paris*, 770, in-8, dem. v. — Recherches histor. sur l'usage des cheveux postiches et des perruques, trad. de l'allem. de Nicolaï, par Jansen. *Paris*, 809, in-8. br.

1617. De l'origine des loix, des arts et des sciences et de leurs progrès, chez les anciens peuples (par Goguet). *Paris*, 769, in 12, 6 vol., v. f.

1618. Polydori Vergilii de rerum inventoribus lib. VIII, de prodigiis lib. III. *Amst., D. Elzev.*, 671, pet. in-12, v.

1619. Histoire de la navigation, son commencement, ses progrès et ses découvertes jusqu'à présent, trad. de l'angl. *Paris*, 722, in-12, 2 vol., v. m. — Histoire du commerce de la navigation des Egyptiens, sous le règne des Ptolémées, par Ameilhon. *Paris*, 766, in-12, v. m.

1620. Rapports histor. sur les progrès des sciences naturelles, mathématiques et de l'histoire de la littérature ancienne depuis 1789, rédigés par Cuvier, Delambre et Dacier. *Paris*, 810, in-4, 3 vol., br.

1621. Dissertation histor. sur l'invention des lettres ou caractères d'écriture, sur les instrumens dont les anciens se sont servis pour écrire et sur les matières qu'ils ont employées. *Paris*, 774, in-12, br.

1622. Joa. Launoii de varia Aristotelis in academia parisiensi fortuna liber. *Lutetiæ-Paris.*, 662, in-8, v. br.

1623. Recherches critiques sur l'âge et l'origine des traductions latines d'Aristote, par M. Jourdan. *Paris*, 819, in-8, dem.-rel.

1624. Tableau histor. de l'état et des progrès de la littérature française, depuis 1789, par M. J. de Chénier. *Paris*, 81? in-8, dem.-rel.

1625. Mémoires secrets pour servir à l'hist. de la république des lettres, par Bachaumont. *Londres*, 777, in-12, ? vol., v. m.

1626. Historia bibliothecæ Fabricianæ, aut. Joa. Fabricio. *Wolfenbuttelii*, 718, in-4, 6 vol., v. br.

1627. Jo. Alb. Fabricii bibliotheca latina. *Hamburgi*, 721, in-8, 3 vol., vél.

1628. Eadem. *Venetiis, Coleti*, 728, in-4, 2 vol., v. f.

1629. Ant. Possevini bibliotheca selecta, qua agitur de ratione studiorum in facultatibus. *Romæ*, 593, in-fol., vél.

1630. Bibliotheca vetus et nova, in qua omnium scriptorum mundi, patria, ætas, nomina, libri, etc., recensentur et exhibentur, à G. Matth. Kœnigio. *Altdorfii*, 678, pet. in-fol., vél.

1631. Orbis literatus, germanico-europæus in synopsi repræsentatus, à Joa. Georg. Hagelgaus. *Francof. ad M.*, 737, pet. in-fol., fig., vél.

1632. Guil. Cave scriptorum ecclesiasticorum historia litteraria; accedunt scriptores gentiles christianæ religionis oppugnatores. *Genevæ*, 705, in-fol., v. br.

1633. Floriacensis vetus bibliotheca benedictina, operâ Joa. a Bosco. *Lugd.*, 685, in-8, v. br.

1634. D. Joa. Sianda lexicon polemicum, in quo potiorum hæreticorum vita perstringitur, omnes contra fidem errores colliguntur. *Augustæ-Vindelic.*, 761, in-8, 3 vol., br.

1635. Bibliothèque des auteurs de Bourgogne, par l'abbé Papillon. *Dijon*, 742, in-fol., 2 tom. en 1 vol., v. f.

1636. Historia literario-typographica mediolanensis; adjecit catalogus codicum Mediolani impressorum ab 1465 ad 1500, auct. Jos. Ant. Saxio. *Mediolani*, 745, in-fol., v. m

1637. Phil. Argelati bibliotheca scriptorum mediolanensium, accedit Jos. Ant. Saxii historia literario-typographica mediolanensis ab ann. 1465 ad ann. 1500, nunc primum edita. *Mediolani*, 745, in-fol., 4 vol., br.

1638. Athenæum augustum, in quo Perusinorum scripta publicè exponuntur studio Aug. Oldoini. *Perusiæ*, 678, in-4, vél.

1639. Notizie degli scrittori bolognesi e dell' opere loro stampate e manoscritte, raccolte da Pelleg. Ant. Orlandi. *Bologna*, 714. =De illustribus Alemannis imprimis iis quos Magdeburgum ob nobilitatem gentis a VII retro seculis ad se recepit, atque indè per omnem Europam in publicum orbis commodum diffudit, commentatio, aut. Urb. Gott. Sibero. *Lipsiæ*, 710, in-4, dem.-rel.

1640. Biblioteca napoletana et apparato a gli huomini illustri

in lettere di Napoli, da Nic. Toppi. *Napoli,* 678, in-fol.,
v. br.

1641. Bibliotheca sicula, sive de scriptoribus siculis qui tum
vetera, tum recentiora sæcula illustrarunt, notitiæ, aut. Ant.
Mongitore. *Panormi,* 708, in-fol., 2 tom. en 1 vol., v. f.

1642. Hispaniæ bibliotheca, seu de academiis ac bibliothecis
item elogia et nomenclator clarorum Hispaniæ scriptorum.
Francof., 608, in-4, 3 tom. en 1 vol., v. br. — Ger. Ern.
de Franckenau bibliotheca hispanica historico-genealogico-
heraldica. *Lipsiæ,* 724, in-4, v. br.

1643. Val. And. Desselii bibliotheca belgica, de Belgis vità
scriptisque claris. *Lovanii,* 643, in-4, v. f.

1644. Bibliotheca belgica, sive virorum in Belgio vità, scriptisque illustrium catalogus, librorumque nomenclatura,
curâ et studio Joa. Fr. Foppens. *Bruxellis,* 739, in-4,
2 vol., v. f.

1645. Bibliotheca historica brandenburgica, scriptores rerum
brandenburgicarum exhibens, à G. G. Kustero. *Vratislaviæ,*
743, in-8, v. br. — Alb. Bartholini de scriptis Danorum
liber. *Hafniæ,* 666, pet. in-8, non rel.

1646. Holmia literata, sive de scriptoribus suecicis historia.
707, in-4, v. br.

1647. Bibliotheca arabica, auctam nunc atque integram edidit Christ. Frid. de Schnurrer. *Halæ ad Salam,* 814, in-8,
v. rac., fil.

1648. Partie des pièces et actes qui concernent l'estat présent
et ancien de l'université de Paris. *Paris,* 653. = Privilèges
de l'université d'Angers. *Angers,* 736, in-4, v. f., fil.

1649. De academia parisiensi qualis primo fuit in insula et
episcoporum scholis liber, auct. Cl. Hemeræo. *Lutetiæ,*
637, in-4, parch.

1650. Storia dell' academia Clementina di Bologna. *Bologna,* 739, in-4, 2 vol., v. m.

1651. Le main jaune (par Arnault). *Paris,* 817, in-8, fig.,
4 vol., bas. rac.

1652. Le véridique, par Mlle Raoul. *Paris,* 814, in-8, v. gr.,
fil.

1653. Journal de Paris du 1er janvier 1781 au 31 décembre
1791. In-4, 34 vol., dem.-rel.

XII. HISTOIRE DE L'IMPRIMERIE. — BIBLIOGRAPHIE.

1654. De Joh. Gott. Im. Breitkopf : Sur l'histoire de l'invention de l'imprimerie. *Leipzik*, 779. = Sur l'impression des cartes géographiques. *Leipzik*, 777, carte. = Description du royaume de l'Amour, avec une carte. *Ibid.*, 777. = La fontaine du désir, avec une carte. *Ibid.*, 779, in-4, dem.-rel. (*En allem.*)

1655. Essai sur les monumens typographiques de J. Gutenberg, par Gotth. Fischer. *Mayence*, an x, in-4, br. — Jo. Dan. Schœpflini vindiciæ typographicæ. *Argentorati*, 760, in-4, br.

1656. Histoire de l'origine et des premiers progrès de l'imprimerie (par Prosper Marchand). *La Haye*, 740, in-4, v. m. — Supplément... *Paris*, 773, in-4, br.

1657. Origine de l'imprimerie de Paris, par A. Chevillier. *Paris*, 694, in-4, v. br. — Dissertation sur l'origine de l'imprimerie en Angleterre, trad. de Middleton par Imbert. *Paris*, 775, in-8, dem.-rel.

1658. Typographical antiquities, or the history of printing in England, Scotland and Ireland, containing memoirs of our ancient printers, and a register of the books printed by them, begun by the late Jos. Ames, augmented by Will. Herbert, and now greatly enlarged with copious notes and illustrated with appropriate engravings, by the rev. Th. Frognall Dibdin. *London, W. Miller*, 810, in-4, 2 vol., cart.

1659. Initia typographica, ab anno 1429, collegit J. F. Lichtenberger. *Argent.*, 811, in-4, br. — Index librorum ab inventa typographia ad annum 1500, aut. Fr. Xav. Laire. *Senonis*, 791, in-8, 2 vol., br.

1660. Annales typographici ab artis inventæ origine ad annum 1664, à C. M. Maittaire. Tom. 1er, gr. pap. *Hagæ Com.*, 719; tom. 2, *Amst.*, 722; tom. 3, *Amst.*, 725; tom. 4, *Amst.*, 733; et tom. 5, *Londini*, 741, in-4, 9 tom. en 5 vol., v. br.

1661. Annales typographici ab artis inventæ origine ad annum 1526, post Maittairii, aliorumque doct. viror. curas

in ordinem redacti , emendati et aucti operâ G. Wolf. Pan-
zer. *Norimbergæ*, 792-803, in-4, 11 vol., cart.

1662. Notice d'un livre imprimé à Bamberg en 1462, par
Camus. *Paris*, an VII, in-4, v. f., fil.

1663. Osservazioni tipografiche sopra' libri impressi in Pie-
monte nel secolo xv, del bar. Vernazza. *Bassano*, 807, in-8,
v. gr., fil.

1664. Saggio de' memorie sulla tipografia parmense del secolo xv, del padre Ireneo Affo. *Parma*, 791, gr. in-4, br.

1665. De hebraicæ typographiæ origine ac primitiis, antiquis
ac rarissimis hebraicorum librorum editionibus seculi xv,
disquisitio historico-critica, Joh. Bern. de Rossi. *Parmæ*,
776, in-4, br. — Ejusd. de typographia hebræo-ferrariensi
commentarius historicus. *Parmæ*, 780, in-8, br.

1666. Joh. Lomeieri de bibliothecis liber. *Ultraj.*, 780, in-12,
v. br. — Traitté des plus belles bibliothèques de l'Europe,
par Legallois. *Paris*, 680, in-12, v. br.

1667. Manuel bibliographique, ou essai sur les bibliothèques
anciennes et modernes, etc., par G. P. (Gabr. Peignot).
Paris, 800, in-8, br. — Bibliographie instructive, par Fr.
de los Rios. *Avignon*, 777, in-8, dem-rel.

1668. Lettre vraiment philosophique à monseigneur l'évêque
de Clermont (M. de Bonald), par l'abbé Rive. *Nomopolis*,
790, in-8, dem-rel. — Chronique littéraire des ouvrages
imprimés et manuscrits de l'abbé Rive, des secours dan
les lettres que cet abbé a fournis. *Eleuthéropolis, s. d.*, in-8,
broch.

1669. Introduction à la bibliographie, par Mich. Denis.
Vienne, 777, in-4, 2 vol., br. (*En allem.*)

1670. Bibliographie instructive, par Guill. Fr. Debure. *Paris*,
763, in-8, 7 vol., v. m.

1671. Nouvelle bibliothèque d'un homme de goût, par Barbier et Desessarts. *Paris*, 808, in-8, 4 vol., bas.

1672. Joh. Deckherri de scriptis adespotis, pseudepigraphis et
supposititiis conjecturæ. *Amst.*, 681, in-12, v. br. — Auteurs déguisez sous des noms étrangers, empruntez, suppo-
sez, feints à plaisir..., par Adr. Baillet. *Paris*, 690, in-12,
v. br.

1673. Vinc. Placcii theatrum anonymorum et pseudonymo-
rum, luci publicæ redditum cum vita autoris, à Jo. Alber.
Fabricio. *Hamburgi*, 707, in-fol., v. br.

1674. Bibliotheca sacra, labore et industriâ Jac. Lelong. *Paris.*, 723, in-fol., 2 tom. en 1 vol., v. br.

1675. Joa. Alb. Fabricii bibliotheca ecclesiastica. *Hamburgi*, 719, in-fol., vél.

1676. Bibliotheca chimica, seu catalogus librorum philoso- phicorum hermeticorum, auth. Borellio. *Paris.*, 654, pet. in-12, vél.

1677. Bibliotheca chirurgica, auct. Alberto von Haller. *Ber- næ*, 774, in-4, 2 vol., bas. — Bibliotheca regni animalis atque lapidei, conscripta à L. Theod. Gronovio. *Lugd.-Bat.*, 760, in-4, v. f.

1678. Bibliothèque historique de la France, par Jacq. Lelong. *Paris*, 719, in-fol., bas. m.

1679. Jo. Alb. Fabricii bibliographia antiquaria. *Hamburgi*, 713, in-4, v. br.

1680. Bibliotheca americo-septentrionalis, being a choice col- lection of books in various languages relating to North- America. *Paris*, 820, in-8, br.

1681. Bibliothèque américaine, ou catalogue des ouvrages relatifs à l'Amérique, qui ont paru depuis sa découverte jusqu'en 1700, par M. H. Ternaux. *Paris*, 837, in-8, br.

1682. Franc. Ant. Zachariæ excursus literarii per Italiam ab anno 1742 ad annum 1752. *Venetiis*, 754, in-4, v. m., fil., tr. dor. — Vago e dilettevole giardino di varie lettioni di Mutio Pansa. *In Roma*, 608, in-4, v. m.

1683. Biblioteca italiana osia notizia de libri rari nella lingua italiana. *Venezia*, 728, in-4, cart.

1684. Catalogue des livres de la bibliothèque du conseil d'état (rédigé par Barbier). *Paris, Imp. de la Rép.* an XI, pet. in-fol., pap. de Holl., 2 tom. en 1 vol., mar. rou., dent., tr. dor., doublé de tabis.

1685. Catalogue des livres de la bibliothèque publique fondée par M. Prousteau, avec des notes. *Paris*, 776, in-4, dem.- rel. — Catalogue des livres de la bibliothèque du grand con- seil, disposé par Boudot. *Paris*, 739, in-8, v. gr.

1686. Catalogue des livres doubles de la bibliothèque de Lyon. *Lyon*, 831, in-8, br.

1687. Catalogus impressorum librorum bibliothecæ bodleia- næ, curâ et operâ Th. Hyde. *Oxonii*, 674, in-fol., v. br.
> Exempl. interfolié.

1688. Catalogus sive notitia manuscriptorum qui à D. Clarke

comparati in bibliotheca bodleiana adversantur. *Oxonii*, 812, in-4, cart.

1689. Catalogus librorum tam impressorum quam manuscrip-torum bibliothecæ publicæ universitatis Lugduno-Batavæ. *Lugd.-Bat.*, 716, in-fol., v. m.

1690. Codices manuscripti bibliothecæ regii taurinensis athenæi, recensuerunt, et animadversionibus illustrarunt Jos. Pasinus, Ant. Rivautella et Fr. Berta. *Taurini*, 749, in-fol., gr. pap., 2 vol., br.

1691. Pet. Lambecii commentarii de augustiss. bibliotheca cæsarea vindobonensi, opera et studio Ad. Fr. Kollarii. *Vindobonæ*, 766, in-fol., 6 vol., dem.-rel.

1692. Memorabilia bibliothecæ academiæ jenensis, à Joh. Chr. Mylio. *Jenæ*, 746, pet. in-8, v. f., fil., tr. dor.

> Parmi les catalogues suivans, ceux dont les formats ne sont pas indiqués sont tous in-8. Les lettres (*Pr.*) indiquent qu'ils sont avec prix.

1693. Bibliotheca cordesiana (aut. [Gab. Naudæo). 643, in-4, vél. — — Sebusiana, collegit S. Guichenon. *Lugduni*, 660, in-4, v. f. — — Belharnosiana. *Aureliæ*, 683, in-4, parch. — —Thuana. 704, parch.

1694. Bibliotheca fayana. 725, v. f. (*Pr.*) — — Uilembroukiana. *Amst.*, 729, dem-rel. — — Lambertina. 730, v. br. (*Pr.*) — — Senicurtiana. 766, dem-rel. — Catalogus libr. M. Brochard. 729, v. m. (*Pr.*) — — libr. Sam. Engel. *Bernæ*, 743, in-12, v. m. — —libr. Geoffroy. 751. = — du comte de Vence. 760. — — du marq. d'Argenson. 755, in-8, v. éc. (*Pr.*) — — de la comtesse de Verrue. 737, v. m. (*Pr.*)

1695. Catalogus libr. com. de Hoym. 738, v. gr. (*Pr.*) — Catalogue... de M... (de Cangey). 733, in-12, v. br.

1696. Catalogue... de Bellanger. 740, v. br. (*Pr.*) — — de Lancelot. 741, v. m. (*Pr.*) — — de M. Barré. 743, 2 vol., fil. (*Pr.*) — — de l'abbé d'Orléans de Rothelin. 746, dem. mar. vert. (*Pr.*) — — du présid. Bernard de Rieux. 747, cart. (*Pr.*) — — du comte de Pontchartrain. 747, v. m.

1697. Catalogue... du présid. Crozat de Tugny. 751, v. gr. (*Pr.*) — — de M. Giraud de Moncy. 753, v. m., fil. (*Pr.*) — — de M. de Boze. 753, dem. mar. vert. — — de M. Chauvelin. 754-62, 2 part. en 1 vol., v. m. — — de M. Delahaie. 754, br. (*Pr.*) — — de M. Couvay. 755, dem.-rel.

1698. Catalogue... de M. de Boze. 754, v. m. (*Pr.*) — — de

M. Guyon de Sardières. 759, v. m. *(Pr.)* — — de M. Falco-
net. 763, 2 vol., v. m. — — des jésuites de Clermont. 764,
v. m. *(Pr.)* — — de la marq. de Pompadour. 765, br. —
— de M. de Laserre. 765, br. — — de M. Astruc. 766,
v. m.

1699. Catalogus librorum Cl. Gros de Boze. In-fol., v. f. *(Manuscrit.)* — Catalogue de M. Levavasseur. 768, gr. in-4,
2 vol., v. f. *(Manuscrit.)*

1700. Catalogue... de M. de Bourlamaque. 770, in-8, v. m.
(Pr.)— — de M. Gayot. 770, v. m. *(Pr.)* — —du duc de
Chaulnes. 770.= —du comte de Lauraguais. 770, v. m.
(Pr.) — — de M. Sandras. 771, dem.-rel. *(Pr.)* — — de
M*** (de La Vallière). 772, v. m. *(Pr.)*

1701. Catalogue... du duc de Lavallière. 1re part. 783, 3
vol., br. *(Pr.)*— —2me part. 788, 6 vol., br.

1702. Catalogue... du comte de Pont-de-Vesle. 774, dem.-
rel.— —de M. Delaleu. 775, v. m. *(Pr.)*— —de M. Randon de Boisset. 777, in-12, dem.-rel.— —de l'abbé Cour-
bon du Ternay. 777, dem.-rel. — — de M. de Brosses.
Dijon, 778, in-12, br.— —de M. Buc'hoz. 778, br. *(Pr.)*
— —du duc d'Aumont. 782, dem.-rel.

1703. Catalogue... Filheul (Chardin). 779, dem.-rel. *(Pr.)*—
—de M. d'Aguesseau. 785, v. m. *(Pr.)*— — de l'abbé
Sepher. 786, br.— — (Camus de Limare). 786, dem.-rel.
(Pr.)— —de M. Baron. 788, br.——du prés. de la Briffe.
788, br.— —de M. d'Hangard. 789, dem.-rel.

1704. Catalogue... de Mirabeau l'aîné. 791, br. — —de M.
Lolliée. 790.= —de Mel de Saint-Ceran. 791, v. gr. *(Pr.)*
— —de M. de Boissy. 792, dem.-rel.— —du cardinal de
Loménie de Brienne. 797, br. — — de Belin Junior. 797,
br.— —du cit. Milly. An vii, dem.-rel.— —de l'abbé Barthélemy. 800, dem.-rel. *(Pr.)*

1705. Catalogue... de M. Trudaine. 803, v. m. fil. *(Pr.)*—
—de M. Gomel. 803, br.— —de Didot jeune. 804, br.—
— de M. Cotte. 804, dem.-rel. *(Pr.)* — — de C. L. l'Héritier de Brutelle. 805, br.— — d'Anquetil Duperron. 805,
dem.-rel.

1706. Catalogue... du comte de Boutourlin. 805, dem.-rel.
— —de M. L... (Renouard). 807, br. — — de l'abbé Be-
chennec. *Brest*, 807, pet. in-4, dem.-rel.——de M. Dela-
tour. 808.= — de M. Leblond. 810, cart. *(Pr.)* — — de

M. Caillard. 810.— — de M. de Fourcroy. 810, br.— —
de M. Haillet de Couronne. 811, br. *(Pr.)*

1707. Catalogue... de M. Guichard. 811, gr. pap., br.— —
de M. J. Chénier. 811, gr. pap. vél., dem. v. *(Pr.)* — —
de M. Courtois. 819, br.

1708. Catalogue... du comte de Mac-Carthy Reagh. 815, gr.
pap. de Holl., 2 vol., br.

1709. Catalogue... de M. de Ginguené. 817, br.— —de M.
Larcher. 812, br.— — de M*** (Rémusat). 815, br.— —
de M. de la Porte du Theil. 816, br. *(Pr.)*— —de M. J. N.
Hallé. 823, br.

1710. Catalogue... de M. Langlès. 825, br. — — de M. le
marquis de Ch*** (Chateaugiron). 827, gr. pap. vél., br.
— —de M. S. (Sensier). 828, gr. pap. vél., br.

1711. Catalogue raisonné de la collection de livres de M. P.
Ant. Crevenna. 776, in-4, 3 vol., cart.

1712. Bibliotheca Firmiana. *Mediolani*, 783, in-4, 2 vol.,
cart.

1713. Bibliotheca Pinelliana, a Jac. Morellio descripta. *Venetiis*, 787, gr. in-8, 6 vol., v. gr., fil.

1714. Bibliotheca Meermaniana. *Hagæ-Comit.*, 824, in-8 ,
br.—Catalogue... de M. de la Serna Santander. *Bruxelles*,
803, 3 vol., br. — — de M. Vande Velde. *Gand*, 831,
2 vol., br.

XIII. **EXTRAITS HISTORIQUES.—MÉLANGES.**

1715. Histoires diverses d'Elien, trad. du grec, avec des remarques (par Dacier). *Paris*, 771, in-8, dem.-rel.

1715 *bis*. Valerii Maximi lib. IX factorum dictorumque memorabilium, cum not. varior., recensuit Abrah. Torrenius.
Leidæ, Luchtmans, 726, in-4, dem. mar. bl., non rog.

1716. Palæphatus de incredilibus, gr., recensuit Joh. Frid.
Fischerus. *Lipsiæ*, 770, in-8, br.—Heracliti et anonymi de
incredilibus libellus, gr., edidit Lud. Henr. Teucherus.
Lemgoviæ, 796, pet. in-8, br.—Ger. Heerkens notabilium
lib. IV. *Groningæ*, 765-70, in-12, 2 part. en 1 vol., v.
gr., fil.

1717. Historiæ miscellæ, à Paulo Aquilegiensi diacono primum collectæ, post etiam à Land. Sagaci auctæ productæ, que ad ann. 1406. *Basileæ*, 569, pet. in-8, v. br.— Guid. Pancirolli rerum memorabilium libri II, ex ital. latinè redditi et notis illustrati ab Henr. Salmuth. *Ambergæ*, 607-in-8, vél.

1718. Commentationes historicæ et criticæ Jo. Dan. Schœpflini. *Basileæ*, 741, in-4, br.

1719. Histoires prodigieuses extraictes de plusieurs fameux autheurs, par P. Boaistuau, C. de Tesserant, F. de Belleforest, etc. *Anvers*, 595, in-12, fig. sur bois, v. br.

1720. Le cabinet curieux et historique (par P. Camus, év. de Belley). *Paris*, 673, in-8, v. br.—Mélanges historiques et recueils de diverses matières pour la plupart paradoxales et néanmoins vraies, par P. de Sainct-Julien. *Lyon*, 589, in-8, parch.

1721. Horæ subcisivæ, seu meditationes historicæ Phil. Camerarii. *Francof.*, 644, in-4, 3 tom. en 1 vol., v. br.

1722. Les méditations historiques de Phil. Camerarius, trad. en franç., par S. G. S. (Simon Goulard de Senlis). *Lyon*, 610, in-4, 3 tom. en 1 vol., v. m.

1723. Thesaurus anecdotorum novissimus, seu veterum monumentorum, præcipuè ecclesiasticorum, ex germanicis potissimum bibliothecis adornata collectio recentissima, operâ et studio Bern. Pezii. *Augustæ-Vind.*, 721, in-fol., 6 vol., br.

> Le tome 5 de cette collection manque ; le tome 6 porte ce titre : *Codex diplomatico-historico-epistolaris.*

1724. Photii bibliotheca, sive lectorum à Photio librorum recensio, censura et excerpta, è græco latinè reddita scholiisque illustrata, operâ And. Schotti. *Aug.-Vindel.*, 606, pet. in-fol., v. br.

—

1725. Plaidoyer pour Servius Sulpicius contre L. Muréna, composé en latin par Aonius Paléarius, et trad. pour la première fois, par A. Péricaud. *Paris, Lefèvre*, 826, in-8, br.

1726. Notice topographique sur la ville de Lyon, par MM. Breghot du Lut et Péricaud. *Lyon*, 834, in-8, br.

1727. Notes et documens pour servir à l'histoire de Lyon, depuis son origine jusqu'en 1349, par A. Péricaud. *Lyon*, 838, gr. in-8, br.

Tiré à 25 exemplaires.

N.   18

1728. Tablettes chronologiques pour servir à l'histoire de Lyon, 1789-1800, par A. Péricaud. *Lyon*, 831, in-8, br.

1729. Tablettes chronologiques pour servir à l'histoire de Lyon pendant le XIXe siècle (par A. Péricaud). *Lyon*, 833, in-8, br.

1730. Notice sur la bibliothèque de la ville de Lyon (par. A. Péricaud). In-8, br.

1731. Ephémérides lyonnaires, par A. P. B. du L. (A. Péricaud et Breghot du Lut). In-8, br.

1732. Notice sur l'ancien hôtel d'Avenas (par A. Péricaud). In-8, br.

1733. Molière à Lyon, 1653-1657. In-8, br.

1734. Dissertation sur l'usage de se faire porter la queue, par le P. Menestrier, avec des notes. *Lyon*, 829, in-8, br. (32 *pag.*)

1735. Notice sur Charles Borde (par A. Péricaud). In-8, br. —Essai sur la vie et les écrits de Ducerceau, par A. P. (A. Péricaud). *Lyon*, 828, in-8, br. — Notice sur Pierre d'Epinac, archevêque de Lyon sous Henri III et Henri IV, par A. Péricaud. *Lyon*, 829, in-8, br.

Toutes les pièces précédentes, publiées à Lyon, par MM. Péricau d et Bréghot du Lut, ont été tirées à petit nombre.

———

1739. Plans raisonnés de toutes les espèces de jardins, par Gabr. Thouin. *Paris, Mme Huzard*, 828, in-fol., fig. color., cart.

1740. Histoire des environs de Paris, par Dulaure. *Paris, Guillaume*, 825, in 8, fig., 6 vol. en 14 livr. Avec la carte.

TABLE DES DIVISIONS.

—

ORDRE DES VACATIONS.

———

1re Vac. *Lundi 4 Novembre 1839.*

Théologie. 1 à 30
Belles-Lettres. 422 — 438
Sciences et Arts. 108 — 127
Histoire. 1309 — 1357

2e Vac. *Mardi 5.*

Sciences et Arts. 325 — 347
Théologie. 31 — 65
Histoire. 1554 — 1580
———— 763 — 794

3e Vac. *Mercredi 6.*

Sciences et Arts. 128 — 168
Belles-Lettres. 524 — 551
Histoire. 845 — 871
———— 1616 — 1637

4e Vac. *Jeudi 7.*

Histoire. 1385 — 1439
Belles-Lettres. 669 — 692
Histoire. 958 — 998

5e Vac. *Vendredi 8.*

Sciences et Arts. 191 — 211
Belles-Lettres. 439 — 480
Histoire. 1440 — 1496

6e Vac. *Samedi 9.*

Sciences et Arts. 267 — 290
Histoire. 1581 — 1615
———— 706 — 762

7e Vac. *Lundi 11.*

Belles-Lettres. 552 — 590
Histoire. 1130 — 1182
———— 823 — 844

8e Vac. *Mardi 12.*

Sciences et Arts. 239 — 266
Jurisprudence. 66 — 107
Histoire. 1358 — 1384
———— 1096 — 1113

9e Vac. *Mercredi 13.*

Sciences et Arts. 212 à 238
Belles-Lettres. 481 — 504
Histoire. 999 — 1063

10e Vac. *Vendredi 15.*

Sciences et Arts. 291 — 324
Belles-Lettres. 623 — 642
Histoire. 1497 — 1526
———— 1638 — 1673

11e Vac. *Samedi 16.*

Histoire. 1064 — 1096
Sciences et Arts. 169 — 190
Histoire. 1693 — 1737
———— 795 — 807

12e Vac. *Lundi 18.*

Histoire. 893 — 939
Sciences et Arts. 373 — 399
Belles-Lettres. 400 — 421
Histoire. 1674 — 1692

13e Vac. *Mardi 19.*

Histoire. 1527 — 1553
———— 1183 — 1236
Belles-Lettres. 591 — 622

14e Vac. *Mercredi 20.*

Belles-Lettres. 643 — 668
Histoire. 1237 — 1286
———— 940 — 957
———— 1114 — 1129

15e Vac. *Jeudi 21.*

Sciences et Arts. 348 — 372
Belles-Lettres. 505 — 523
———— 693 — 705
Histoire. 1287 — 1306
———— 808 — 822
———— 872 — 802

———

EXTRAIT DU CATALOGUE

DES LIVRES DE FONDS

DE R. MERLIN, LIBRAIRE

Quai des Augustins, n° 7.

Monnaies inconnues des évêques des Innocens, des Fous et de quelques associations singulières du même tems, recueillies et décrites par M. M. J. R. d'Amiens. 1837, in-8, 2 vol., dont 1 de fig. . . . . 12 fr.

Manuel de numismatique ancienne, contenant les élémens de cette science, les divers degrés de rareté des monnaies et médailles antiques et les tableaux de leurs valeurs actuelles, par M. Hennin. 1838, in-8, 2 vol., br. 18 fr.

Voyage dans les steps d'Astrakhan et du Caucase, par le comte J. Potocki, publié avec des notes par M. Klaproth, orné de deux cartes et sept planches, dont six coloriées. 1830, in-8, 2 vol., br. . . . . 15 fr.

Constantinople et le Bosphore de Thrace en 1812, 13, 14 et 1826, par le comte Andréossy. 1828, in-8 et atlas in-fol. de 10 planches, br. . . . . 15 fr.

Mœurs, institutions et cérémonies des peuples de l'Inde, par l'abbé Dubois. 1825, in-8, 2 vol., br. . . . . . 14 fr.

Le Pantcha-tantra, ou les cinq ruses, etc., fables et contes trad. sur les originaux indiens, par l'abbé Dubois. *Paris*, 1826, in-8, br. . . . . 6 fr.

Collection des romans grecs, trad. avec des notes, par MM. Courier, Larcher et autres hellénistes. *De l'imprimerie de J. Didot*, in 16, fig., 15 vol. Prix de chaque vol. pap. fin. 3 fr. 50 c.
Pap. vél. 7 fr.

    12 vol. sont en vente.

Exposition du système naturel des nerfs du corps humain, trad. de l'angl. de Ch. Bell, par M. Genest. 1825, in-8, br. 5 fr.

Histoire des plantes de la Guyane française, par Fusée-Aublet. In-4, avec près de 400 planches, 4 vol., br. . . 36 fr.

Dictionnaire de botanique, par Philibert. 1804, in-8, fig.,
3 vol., br. . . . . 19 fr. 50 c.

Satyres de Juvénal, trad. par Dusaulx. 1803, in-8, gr. pap.
vél., portr., 2 vol., br.. . . . . 25 f.

Histoire des avanturiers flibustiers qui se sont signalés dans l
Indes, par OExmelin, avec l'histoire des pirates anglais, p
Johnson. 1785, in-12, fig., 4 vol., br. . . . . . 10 f.

Makamat, ou les séances de Harriri, édition arabe, publiée p
M. Caussin de Perceval. 1 vol. in-4, br. . . . . 7 f.

Ortophonie grecque, ou traité de l'accentuation et de la quanti
syllabique, par Minoïde Mynas. 1824, in-8, br. . . 3 f.

Conciones français, ou choix de discours français, à l'imitati
du Conciones latin, par Théry, 2ᵉ édit. *Ouvrage approuvé p
le conseil royal de l'instruction publique, et admis pour les b
bliothèques des colléges.* 1826, in-12, br. . . 3 fr. 50